Aufläufe & Gratins

Abkürzungen

EL	Esslöffel	TK	Tiefkühl…
TL	Teelöffel	kcal	Kilokalorien
kg	Kilogramm	kJ	Kilojoule
g	Gramm	EW	Eiweiß
mg	Milligramm	F	Fett
l	Liter	KH	Kohlenhydrate
ml	Milliliter	Bd.	Bund
cl	Zentiliter	Msp.	Messerspitze
gestr.	gestrichen	1 kJ = 0,239 kcal	
geh.	gehäuft	1 kcal = 4,184 kJ	

Impressum

compact via ist ein Imprint der Compact Verlag GmbH

© 2010 Compact Verlag GmbH München

Redaktion: Isabel Martins
Produktion: Wolfram Friedrich
Umschlaggestaltung und Layout: h3a GmbH, München

ISBN 978-3-8174-8283-2
5382831

www.compact-via.de

Inhaltsverzeichnis

Aufläufe, Gratins & Co. – heißer Ofenzauber

Mit Aufläufen und Gratins lässt sich eine Vielzahl an Gerichten zaubern – ob als Vor-, Haupt- oder Zwischengericht oder auch in einer süßen Variante.

Die unterschiedlichsten Zutaten können dabei verwendet werden: Gemüse, Nudeln, Reis, Kartoffeln, Fleisch oder Fisch. Ganz nach Lust und Laune können sie miteinander kombiniert werden. Auch Reste lassen sich auf diese Art und Weise wunderbar verarbeiten.

Eine sehr delikate und edle Version des Auflaufs ist das Soufflé, das ebenfalls – pikant oder süß – eine wahre Gaumenfreude ist.

Das Gratin

»Gratinieren« kommt aus dem Französischen und bedeutet »überbacken«. Meist handelt es sich um vorgegarte Zutaten, die mit einer Soße übergossen und/oder mit Käse bestreut bei starker Hitze in der Backröhre überbacken werden.

Eine Ausnahme stellt das Kartoffelgratin mit seinen zahlreichen Abwandlungen dar. Hier werden die Kartoffeln roh verwendet, in sehr dünne Scheiben geschnitten und so lange im Rohr gebacken, bis sie gar sind. Zwei sehr bekannte Varianten sind das »Gratin Dauphinois«, mit Sahne, Butter und Käse zubereitet, und die leichtere Art, das »Gratin Savoyard«, angereichert mit Brühe und nach Belieben ein wenig Käse.

Die Zutaten

Zum Gratinieren eignen sich sehr viele Gemüsearten, Nudeln, Reis, Fisch und Fleisch. Alle Zutaten müssen vor dem Überbacken fertig gekocht oder zumindest angegart bzw. blanchiert werden.

Je nach Lebensmittel kann es gedünstet (eventuell im Schnellkochtopf) oder in der Pfanne angebraten werden. Werden die Zutaten sofort nach dem Garen für ein Gratin weiterverwendet, können sie gleich heiß zum Gratin hinzugegeben werden. Wird das Gratin nur vorbereitet und erst später überbacken, dann empfiehlt es sich, die gekochten Zutaten rasch abzukühlen und bis zur Weiterverarbeitung abgedeckt im Kühlschrank aufzubewahren. Dadurch bleiben die Vitamine besser erhalten und ein Verderben wird verhindert.

Die Kruste

Das Charakteristische an einem Gratin ist die Kruste, die sich beim Überbacken bildet. Sie sollte knusprig und würzig sein. Für die Kruste gibt man eine gut abgeschmeckte, weiße Soße über die Grundzutaten

und/oder bestreut diese mit geriebenem Käse sowie ein paar kalten Butterflöckchen.

Die Soße

Das Gratin wird in der Regel mit einer Béchamelsoße überzogen. Dafür wird Butter hell aufgeschäumt, je nach Geschmack ein wenig fein gehackte Zwiebel darin angedünstet, das Mehl dazugegeben und eingerührt, bis eine hellgelbe Konsistenz entsteht. Nach und nach rührt man anschließend kalte Milch ein.

Wichtig ist, dass die Milch in kleinen Mengen dazugegeben und ständig kräftig gerührt wird, damit sich keine Klumpen bilden können und die Soße nicht zu stark am Topfboden ansetzt. Wenn die Soße aufkocht, wird sie gewürzt und auf kleiner Flamme noch einige Zeit weitergekocht.

Von dieser Béchamelsoße können weitere Soßen abgeleitet werden. Die Mornaysoße beispielsweise enthält zusätzlich Käse, Eigelb und Sahne, zur Walewskasoße wird stark reduzierter Fischfond, Eigelb und Sahne gegeben. Hier kann man seiner Kreativität freien Lauf lassen. Man muss nur darauf achten, dass die Soße nicht zu dünn wird.

Der Käse

Zum Überbacken eines Gratins eignet sich grundsätzlich jeder Käse. Egal ob man Weich-, Schnitt-, Hart- oder Schmelzkäse nimmt, die Auswahl hängt

in erster Linie vom eigenen Gusto ab. Mozzarella beispielsweise bildet eine schöne Kruste und hat dabei einen sehr milden Geschmack.

Je größer die Menge und der Fettgehalt des Käses ist, desto üppiger fällt das Gratin aus. Auch können verschiedene Käsearten gemischt werden wie z. B. Parmesan mit Gruyère oder Emmentaler, Roquefort mit Mascarpone usw. Noch gehaltvoller und geschmacksintensiver wird das Gratin, wenn der Käse mit Butterflöckchen vermischt bzw. belegt wird.

Eine andere Variante ist eine Mischung aus Quark und Käse, sie ist je nach Fettstufe des Quarks nicht ganz so energiereich, dafür aber schön saftig.

Die Form

Zum Gratinieren wird eine feuerfeste Form verwendet. Die klassische Gratinform ist aus Porzellan oder Steingut, sehr breit und niedrig, sodass die Hauptzutaten kaum geschichtet werden müssen und eine großflächige Kruste gebildet werden kann. Die Formen müssen in jedem Fall gut gebuttert und mit Paniermehl, geriebenem Käse, Mandeln oder Ähnlichem ausgestreut werden, um ein Anbacken zu vermeiden.

Das Backen

Da Gratins meistens nur noch zum Überbacken, also zur Bildung der leckeren Kruste, in den Backofen kommen, werden sie auf den Rost in der obersten oder zweitobersten Schiene gestellt. Die Temperatur sollte möglichst hoch eingestellt werden.

Kommt das Gratin vor dem Backen direkt aus dem Kühlschrank und ist demzufolge sehr kalt, sollte es entweder weiter unten eingeschoben oder die erste

Zeit mit Alufolie bedeckt werden. So werden alle Zutaten gut erhitzt, ohne dass die oberste Schicht verbrennt.

Die Gratinierzeit beträgt 10–25 Minuten, je nach Art des Backofens, Größe und Höhe der Form sowie Temperatur der Zutaten. Ob das Gericht fertig ist, verrät die Farbe und Konsistenz der Kruste.

Das süße Gratin

Süße Gratins werden meist aus frischen oder vorgegarten Früchten und einer Creme aus Eiern, Zucker, Sahne, Milch oder Quark hergestellt. Häufig wird auch mit einer Baisermasse überbacken. Diese Art des Gratins eignet sich nicht nur als Hauptspeise, sondern auch als Dessert.

Der Auflauf

Im Gegensatz zum Gratin werden die Zutaten beim Auflauf auch roh verwendet. Die Soße, in welcher die rohen Zutaten gegart werden, kann auf unterschiedliche Weisen zubereitet werden. Da man viele Aufläufe problemlos vorbereiten kann, eignen sie sich für eine unkomplizierte Gästebewirtung.

Viele Länder haben ihre typischen Aufläufe. In Italien ist es die Lasagne, Griechenland hat das Moussaka, aus der Türkei kommt das Börek, Frankreich ist bekannt für seine süßen Aufläufe, die Clafoutis, und aus England stammen Puddings, die in einer speziellen Form im Wasserbad gegart und nicht im Ofen gebacken werden.

Die Zutaten

Für einen Auflauf können im Prinzip alle Lebensmittel verwendet bzw. miteinander kombiniert wer-

den. Zu beachten ist nur, dass alle Zutaten dieselbe Garzeit haben sollten. Das erreicht man entweder durch entsprechende Stückgrößen der einzelnen Bestandteile oder durch Vorgaren aller bzw. einzelner Lebensmittel. So können zum Beispiel Möhren und Zucchini roh verwendet werden, wenn die Möhren kleiner geschnitten sind als die Zucchini oder wenn die Möhren vorher kurz blanchiert wurden.

Wird Fisch mit Reis kombiniert, empfiehlt es sich, den Reis vorher fast fertig zu garen und mit dem rohen Fisch in den Ofen zu geben. Diese beiden Zutaten könnte man noch ergänzen durch rohes, kleingeschnittenes, eventuell sogar tiefgefrorenes Gemüse.

Nudeln, Reis, verschiedene Getreidesorten und Polenta aus Maisgrieß werden grundsätzlich vor ihrer Verwendung als Auflaufzutat gegart. Nudeln und Getreide sollten aber noch genügend Biss haben, da sie beim Backen in der Röhre nachgaren.

Die Soße

Die Soße richtet sich nach den Hauptzutaten des Auflaufs. Je nachdem, ob die Zutaten sehr wasserhaltig sind, eventuell noch Wasser aufnehmen müssen, roh oder schon gekocht sind, muss die Soße etwas sämiger oder flüssiger sein.

Generell eignet sich eine dünne Béchamelsoße und ihre unterschiedlichsten Abwandlungen, eine Mischung aus Eiern, Brühe, Milch, Sahne und Käse oder eine Kombination mit nur einem Teil der Zutaten. Auch Mischungen mit festem Eischnee werden als Soße verwendet. Ebenso gut können Gemüsesoßen wie eine Tomatensoße verarbeitet werden. In diesem Fall besteht die oberste Schicht meistens aus Käse und Butterflöckchen.

Je nachdem, ob die Komponenten des Auflaufs bereits gewürzt sind oder ob die Würzung über die Soße erfolgt, muss die Soße mild oder kräftig abgeschmeckt werden.

Der Käse

Wie beim Gratin können die unterschiedlichsten Käsesorten verwendet werden. Teilweise wird der Käse auch zwischen die Zutaten gestreut oder mit der Soße vermischt. Je nach Salzgehalt und Menge des Käses kann beim Würzen der Soße ein wenig Salz eingespart werden.

Die Form

Gefäße aus Glas, Porzellan und Steingut eignen sich für Aufläufe ebenso wie Metallformen. Wichtig ist, dass die Form feuerfest und groß genug ist, damit der Inhalt gegebenenfalls in der Soße garen kann und nicht austrocknet.

Auch die Formen für den Auflauf müssen mit Butter, Margarine oder Öl gut eingefettet werden. Wenn es zum Auflauf passt, kann auch nur Sahne auf den ungefetteten Formboden gegossen werden, sodass der ganze Boden gut bedeckt ist.

Vor dem Backen sollte der obere Rand der Form noch einmal abgewischt werden, damit Reste, die beim Einfüllen hängen geblieben sind, nicht verbrennen.

Das Backen

Im Gegensatz zum Gratin muss ein Auflauf für durchschnittlich 40 Minuten im Ofen bleiben. Gebacken wird bei guter Mittelhitze, also bei bis zu 200 Grad, in der unteren Hälfte des Backofens.

Um den Garvorgang zu beschleunigen, kann man die erste Zeit einen Deckel oder Alufolie auf die Form geben. Zur Krustenbildung wird in der zweiten Hälfte oder dem letzten Drittel der Garzeit die Abdeckung entfernt. Der Auflauf wird normalerweise heiß serviert. Manche Aufläufe schmecken aber auch lauwarm oder kalt sehr gut.

Der süße Auflauf

Ebenso wie der pikante kann der süße Auflauf als Hauptspeise angeboten werden – natürlich eignet er sich auch gut als Dessert. Zutaten wie frische Früchte, Nüsse, eingekochtes Obst, Trockenobst etc. werden verwendet.

Das Zubereiten der Auflaufmasse erinnert etwas an die Herstellung von Kuchenteig. Süße Aufläufe werden in der Regel mit Eischnee gelockert. Da diese Masse beim Backen noch etwas aufgeht, ist es ratsam, die Form nur ½ oder maximal ⅔ zu füllen. Auf diese Weise kann ein Überlaufen des Inhalts vermieden werden.

Das Soufflé

Die edlere und luftigere Version des Auflaufs ist das Soufflé. Zwar ist es in der Herstellung etwas diffizil, das Ergebnis aber eine Köstlichkeit. Wie bei Aufläufen und Gratins gibt es auch hier sowohl pikante als auch süße Varianten. Ein sehr bekanntes Soufflé ist das immer wieder abgewandelte Käsesoufflé.

Die Soufflémasse

Die Grundmasse für Soufflé, ob pikant oder süß, besteht aus einer dicken Béchamelsoße oder, etwas seltener, einer Brandteigzubereitung aus Milch. Hierbei wird das Eiweiß als Schnee untergehoben.

In die Grundmasse werden die Geschmackszutaten gut eingearbeitet. Das Eiweiß, das immer als letzte Zutat vorsichtig untergehoben wird, darf nicht zu fest sein, da es sonst flockig wird und sich nicht so gut mit der übrigen Masse verbindet. Häufig wird ⅓ des Eischnees in die Masse eingerührt und der Rest vorsichtig untergehoben.

Die Qualität der Eier spielt eine große Rolle für das Gelingen des Soufflés. Sie sollten mittelgroß (ca. 50 g) und so frisch wie möglich sein. Sind die Eier größer oder kleiner, sollte ein Ei mehr oder weniger verwendet oder die Menge der übrigen Zutaten entsprechend verändert werden. Je luftiger das Soufflé werden soll, desto mehr Eischnee muss untergehoben werden. Dann ist das Soufflé allerdings auch empfindlicher gegen Luftzug und harte Stöße.

Die Form

Die klassische Souffléform ist aus Porzellan. Sie hat gerade, relativ hohe Wände, die innen glatt und außen gerippt sind. Es gibt aber auch Formen aus Steingut oder Glas, die sich genauso gut eignen – die Backzeit kann sich dann allerdings etwas verlängern.

Egal wie groß die Form ist, es wird nur der Boden gefettet und je nach Rezept mit Paniermehl, Mandeln oder Ähnlichem ausgestreut. So kann die Soufflémasse beim Aufgehen gut die Wände entlang »rutschen«. Damit die Masse beim Aufgehen nicht überläuft, dürfen die Formen nur bis zu ⅔ bzw. ½ gefüllt werden.

Das Backen

Die Backtemperatur liegt im Durchschnitt bei milden 180 Grad. Manche Soufflés werden mit aufsteigender Hitze von 160 auf 200 Grad im Wasserbad gegart, was aber im Rezept immer genau angegeben wird.

In der Regel wird das Soufflé auf die unterste Schiene des vorgeheizten Backofens gestellt. Die Kruste soll nämlich erst gegen Ende der Garzeit gebildet werden. Gibt man kurz davor noch etwas Puderzucker darüber, so karamellisiert dieser und gibt einen entsprechenden Geschmack.

Die Backzeit beträgt für kleine Förmchen im Schnitt 15–20 Minuten, für große Formen muss man mit 30–40 Minuten rechnen, je nach Art der Masse. Vor dieser Zeit darf die Tür des Backofens auf keinen Fall geöffnet werden, sonst würde das Soufflé sofort zusammenfallen. Hat die Kruste eine goldgelbe Farbe angenommen, ist das Ende der Backzeit erreicht.

Beim Servieren des Soufflés muss darauf geachtet werden, dass weder Zugluft noch zu hartes Aufsetzen auf den Tisch das locker-luftige Gericht zusammenfallen lassen. Da es auch im Idealfall nicht viel länger als 5 Minuten in voller Pracht erhalten bleibt, muss es sofort nach dem Garen serviert werden.

TIPP

Wenn es einmal mit dem Soufflé nicht so klappt, dann verlieren Sie nicht den Mut – es ist noch kein Meister vom Himmel gefallen. Machen Sie sich bei Ihrem nächsten Versuch eigene Notizen zu verschiedenen Dingen wie verwendete Form, Feuchtigkeit der Masse oder Länge der Backzeit. Je öfter Sie üben, desto leichter gelingt Ihnen das Soufflé.

AUFLÄUFE & GRATINS
MIT GEMÜSE & CO.

Brezelauflauf mit mariniertem Spargel *(Abb. S. 9)*

Zubereitungszeit:
45 Min.
Marinierzeit:
1 Std.
Backzeit:
20 Min.

Nährwerte pro Person:
335 kcal, 1402 kJ,
14 g EW, 12 g F, 30 g KH

Für 4 Personen:
je 500 g weißer und
grüner Spargel
Salz
6 EL Olivenöl (z. B.
von Alnatura)
2 EL weißer
Balsamico-Essig

50 ml Weißwein
½ TL Zucker
Senf
Pfeffer
3 EL Petersilie, frisch
gehackt
1 TL rosa Pfeffer
4 Laugenbrezen oder
-stangen

1 Bd. Frühlingszwiebeln
1 Stange Lauch
200 ml Milch (1,5 % Fett)
2 Eier
40 g Parmesan, frisch
gerieben
Muskatnuss
Butter für die Förmchen

1 Weißen Spargel bis zum Kopf schälen und holzige Enden abschneiden. Grünen Spargel nur im unteren Drittel schälen und holzige Enden ebenfalls abschneiden. Spargelstangen in große Stücke schneiden und in Salzwasser in ca. 5 Minuten bissfest garen. Abgießen und Spargel in eine Schüssel geben.

2 3 EL Olivenöl, Essig, Wein, Zucker, etwas Senf, Salz und Pfeffer mit einem Schneebesen gut verschlagen. 1 EL gehackte Petersilie und rosa Pfefferkörner untermischen. Marinade über den Spargel gießen und vermengen. Abdecken und ca. 1 Stunde marinieren lassen.

3 Brezen oder Laugenstangen in feine Scheiben schneiden. Übriges Olivenöl erhitzen und die Scheiben darin von beiden Seiten anbraten. Anschließend auf Küchenpapier abtropfen lassen.

4 Backofen auf 160 Grad vorheizen. Frühlingszwiebeln sowie Lauch putzen, waschen und in feine Ringe schneiden. Im verbliebenen Bratfett 3 Minuten anschwitzen. Milch mit Eiern verquirlen. Parmesan und übrige gehackte Petersilie unterziehen. Mit Salz, Pfeffer und frisch geriebener Muskatnuss würzen.

5 4 kleine Souffléformen oder ofenfeste Tassen mit Butter fetten. Abwechselnd Laugengebäck und Lauchgemüse in die Förmchen schichten. Alles mit Eiermilch übergießen, sodass die Füllung bedeckt ist. In den Ofen auf die mittlere Einschubleiste stellen und ca. 20 Minuten backen.

6 Marinierten Spargel auf 4 Teller verteilen und je 1 Auflauf in der Form danebensetzen. Rasch servieren.

Chicoréeauflauf

Zubereitungszeit:
25 Min.
Backzeit:
35 Min.

Nährwerte pro Person:
443 kcal, 1853 kJ,
23 g EW, 36 g F, 5 g KH

Für 4 Personen:
4 Stauden Chicorée
125 g Camembert

200 g Schinken in
Scheiben
200 g Sahne

2 Eier
Salz, Pfeffer
Butter

1 Backofen auf 200 Grad vorheizen. Chicoréestauden kalt waschen, halbieren und vom Strunk befreien Camembert in dünne Scheiben schneiden. Schinken grob in Streifen schneiden. Sahne mit Eiern verquirlen und mit Salz sowie Pfeffer würzen.

2 Eine feuerfeste Auflaufform mit Butter ausfetten. Die Chicoréehälften in die Form geben und Sahne-Eier-Mischung darübergießen.

3 Chicorée mit Schinkenscheiben belegen. In den heißen Backofen stellen und auf der mittleren Schiene ca. 20 Minuten garen, bis die Masse stockt.

4 Dann den Auflauf aus dem Ofen nehmen und mit dem Camembert belegen. Chicoréeauflauf kurz überbacken, bis der Käse leicht zerläuft. Dann heiß servieren.

Auberginen-Tomaten-Auflauf

Für 4 Personen:
2 große Auberginen
Salz
6 Tomaten
3 EL Olivenöl
1 Knoblauchzehe

350 g Sahne
2 EL Crème fraîche
2 Eier
je 50 g Parmesan und
Greyerzer, frisch gerieben
Pfeffer

Zubereitungszeit:
30 Min.
Backzeit:
30 Min.

Nährwerte pro Person:
501 kcal, 2096 kJ,
17 g EW, 44 g F, 10 g KH

1 Auberginen waschen, Enden abschneiden und Fruchtfleisch in Scheiben schneiden. Scheiben salzen und 20 Minuten Wasser ziehen lassen.

2 Backofen auf 180 Grad vorheizen. Tomaten waschen, die Stielansätze herausschneiden und in Scheiben schneiden. Auberginen abspülen und trocken tupfen.

3 Öl erhitzen und die Auberginenscheiben portionsweise von beiden Seiten goldbraun anbraten. Die Auberginen und Tomaten abwechselnd und dachziegelartig in eine Gratinform schichten.

4 Knoblauchzehe schälen und fein hacken. Mit Sahne, Crème fraîche, Eiern und Parmesan glatt rühren und mit Salz und Pfeffer würzen. Über das Gemüse gießen und mit Greyerzer bestreuen.

5 Aubergingen-Tomaten-Auflauf in den Backofen schieben. Das Ganze ca. 30 Minuten überbacken und anschließend heiß servieren.

VARIANTE

Herzhafter wird der Auflauf, wenn Sie zusätzlich Hackfleisch verwenden. Dafür 500 g gemischtes Hack krümelig anbraten und mit Gewürzen sowie Tomatenmark abschmecken. In die Gratinform geben und Gemüse darüber einschichten. Sollten Sie keinen Greyerzer zur Hand haben, können Sie den Auflauf auch mit Emmentaler bestreuen.

Gemüsegratin mit Sonnenblumenkernen

Für 4 Personen:
500 g Kartoffeln
500 g Möhren
500 g Zucchini
1 Knoblauchzehe
1 Bd. Petersilie
2 EL Pflanzencreme
250 ml Gemüsebouillon
250 ml Cremefine zum
Kochen
150 g geriebener fett-
armer Käse
Salz
Pfeffer aus der Mühle
2 – 3 EL heller
Soßenbinder bei Bedarf
25 g Sonnenblumenkerne

Zubereitungszeit:
40 Min.
Backzeit:
30 Min.

Nährwerte pro Person:
423 kcal, 1770 kJ,
19 g EW, 24 g F, 32 g KH

1 Kartoffeln und Möhren waschen, schälen und in dünne Scheiben schneiden. Zucchini waschen, putzen und in Scheiben schneiden. Knoblauch schälen und fein hacken. Petersilie waschen, trocken schütteln und fein hacken.

2 Pflanzencreme in einem großen Topf erhitzen. Vorbereitetes Gemüse und Knoblauch darin unter häufigem Rühren ca. 5 Minuten braten. Gemüsebouillon und Cremefine dazugießen und ca. 10 Minuten köcheln lassen.

3 Den Backofen auf 200 Grad vorheizen. Den geriebenen Käse und Petersilie unter das Gemüse heben.

Das Ganze mit Salz und frisch gemahlenem Pfeffer würzen. Bei Bedarf mit etwas Soßenbinder binden.

4 Alles in eine große Auflaufform geben. Mit Sonnenblumenkernen bestreuen und in den heißen Backofen auf die mittlere Schiene stellen. In ca. 30 Minuten goldgelb backen. Vor dem Servieren kurz ausdampfen lassen.

BEILAGE
Wenn Sie hierzu noch etwas Fleisch als Beilage wünschen, passen gekochter Schinken oder auch ein Schnitzel.

Rosenkohl-Kartoffel-Auflauf

1 Die Kartoffeln kalt waschen und in der Schale ca. 20 Minuten dämpfen. Sie sollten noch nicht ganz gar sein.

2 Inzwischen Rosenkohl putzen und mit kaltem Wasser waschen. Gemüsebrühe in einen Topf geben und den Rosenkohl darin ca. 10 Minuten leicht köcheln lassen. Danach abgießen und gut abtropfen lassen. Gemüsebrühe dabei auffangen.

3 Kartoffeln abgießen und kurz ausdampfen lassen. Anschließend schälen und in Scheiben schneiden. Eine Auflaufform fetten und die Kartoffeln dachziegelartig hineinschichten. Rosenkohl darauf verteilen.

4 Backofen auf 180 Grad vorheizen. Chilischote waschen und in feine Ringe schneiden. Sahne mit Crème fraîche, 100 ml der Gemüsebrühe verrühren und die Chiliringe zugeben. Mit Paprikapulver, Salz und frisch gemahlenem Pfeffer abschmecken.

5 Die Sahnemischung über den Auflauf gießen. Den Rosenkohl-Kartoffel-Auflauf in den Ofen auf die mittlere Schiene schieben und ca. 15 Minuten goldbraun backen. Heiß servieren.

TIPP

Rosenkohl ist ein beliebtes Wintergemüse. Die kleinen Röschen sind die Blattknospen am Strunk einer Kohlpflanze. Der Geschmack ist kräftig und wird süßlicher, wenn die Pflanzen Frost abbekommen haben.

Für 4 Personen:
600 g Kartoffeln
ca. 28 Rosenkohlröschen
250 ml Gemüsebrühe
Fett für die Form
1 Chilischote
200 g Sahne
2 EL Crème fraîche
1 TL Paprikapulver
edelsüß
Salz
Pfeffer aus der Mühle

Zubereitungszeit:
30 Min.
Backzeit:
15 Min.

Nährwerte pro Person:
325 kcal, 1360 kJ,
11 g EW, 18 g F, 30 g KH

Kerniges Mangoldgratin

Für 4 Personen:
1 kg Mangold
Salz
50 g kernige Haferflocken
(z. B. von Kölln)
Cayennepfeffer
Butter für die Form
100 g Roquefortkäse
80 ml Vollmilch
80 g Schlagsahne
schwarzer Pfeffer

Zubereitungszeit:
25 Min.
Backzeit:
20 Min.

Nährwerte pro Person:
248 kcal, 1038 kJ,
15 g EW, 16 g F, 11 g KH

1 Mangold putzen und Blätter von den Stielen trennen. Beides mit kaltem Wasser waschen. Stiele 8 Minuten und Blätter ca. 2 Minuten in kochendem Salzwasser blanchieren. Danach in einem Küchensieb gut abtropfen lassen.

2 Den Backofen auf 200 Grad vorheizen. Haferflocken in einer beschichteten Pfanne ohne Fett rösten. Mit Salz und Cayennepfeffer würzen.

3 Eine flache Gratinform ausfetten. Die Mangoldstiele und -blätter in die Form legen. Den Roquefortkäse darüberbröseln.

4 Milch und Sahne verrühren. Mit Salz, schwarzem Pfeffer und Cayennepfeffer kräftig abschmecken. Soße über den Mangold gießen und mit den gerösteten Haferflocken bestreuen.

5 Auf die mittlere Einschubleiste im heißen Backofen stellen und ca. 20 Minuten überbacken. Anschließend das Mangoldgratin kurz ausdampfen lassen und dann rasch servieren.

BEILAGE
Zu diesem Mangoldgratin schmecken kurz gebratene Schweinemedaillons oder Pellkartoffeln besonders gut.

Käse-Kräuter-Soufflé

Für 4 Personen:
60 g Butter
6 EL Mehl
400 ml Milch
Salz
schwarzer Pfeffer
Muskatnuss, frisch
gerieben
1 Bd. Petersilie
Fett und gemahlene
Mandeln für die Form
150 g Cheddar
6 Eier
4 EL Pinienkerne

Zubereitungszeit:
30 Min.
Backzeit:
45 Min.

Nährwerte pro Person:
690 kcal, 2875 kJ,
33 g EW, 50 g F, 28 g KH

1 Butter in einem kleinen Topf zerlassen. Mehl hinzufügen und unter Rühren hellgelb anschwitzen. Milch nach und nach unterrühren und die Soße bei mittlerer Hitze unter Rühren 1–2 Minuten kochen lassen.

2 Soße mit Salz, Pfeffer und Muskat abschmecken, dann beiseitestellen und lauwarm abkühlen lassen. Dabei gelegentlich umrühren.

3 Inzwischen Petersilie waschen und trocken schütteln. Blättchen abzupfen, fein hacken und beiseitestellen. Backofen auf 180 Grad vorheizen. Eine Souffléform einfetten und mit gemahlenen Mandeln ausstreuen.

4 Käse fein reiben. Eier trennen. Eiweiß mit 1 Prise Salz zu steifem Schnee schlagen. Eigelb unter die lauwarme Béchamelsoße rühren. Käse, Petersilie und Eischnee locker unterheben. Soufflémasse in die vorbereitete Form füllen, die Pinienkerne darüberstreuen.

5 Das Soufflé im heißen Ofen auf der untersten Schiene ca. 15 Minuten backen, dann die Hitze auf 200 Grad erhöhen und das Soufflé in weiteren 30 Minuten fertig backen.

6 Das Soufflé aus dem Backofen nehmen und sofort servieren.

TIPP

Für Käsesoufflé eignen sich auch andere Käsesorten. Statt Cheddar kann auch z. B. Emmentaler oder Gruyère verwendet werden. Die Petersilie kann durch Schnittlauch, Basilikum o. Ä. ersetzt werden.
Dazu passt ein gemischter Salat oder ein Tomatensalat mit Zwiebeln.

Leipziger Kartoffelauflauf

Für 4 Personen:
1 kg kleine neue
Kartoffeln
Salz
500 g weißer Spargel
300 g Möhren
150 g TK-Erbsen
2 Stängel Petersilie
2 Stängel Kerbel
1 Stängel Estragon
250 ml Cremefine
zum Kochen
Pfeffer
75 g geriebener
Gratinkäse

Zubereitungszeit:
50 Min.
Backzeit:
45 Min.

Nährwerte pro Person:
374 kcal, 1565 kJ,
15 g EW, 15 g F, 42 g KH

1 Die Kartoffeln gründlich waschen, bei Bedarf mit einer Bürste reinigen. In reichlich Salzwasser geben und zum Kochen bringen. Zugedeckt 15 Minuten garen.

2 Spargel schälen und die holzigen Enden abschneiden. In 3 cm lange Stücke schneiden. Die Möhren schälen und leicht schräg in 5 mm dünne Scheiben schneiden.

3 Backofen auf 190 Grad vorheizen. Spargel mit den Möhren in kochendes Salzwasser geben und 6 Minuten kochen. Anschließend abgießen, mit eiskaltem Wasser abschrecken und in einem Sieb gut abtropfen lassen.

4 Erbsen in einem Küchensieb auftauen lassen. Petersilie, Kerbel und Estragon abbrausen und trocken tupfen. Blättchen abzupfen und diese hacken. Cremefine mit Kräutern sowie Salz und Pfeffer verrühren.

5 Kartoffeln abgießen und gegebenenfalls halbieren. Kartoffeln mit Spargel, Möhren und Erbsen in eine backofenfeste Form geben. Mit Salz und Pfeffer würzen.

6 Cremefine gleichmäßig über das Gemüse geben und alles mit dem Käse bestreuen. Den Kartoffelauflauf in den heißen Ofen schieben und in ca. 45 Minuten goldbraun backen. Heiß servieren.

Artischockengratin

Für 4 Personen:
4 große Artischocken
50 g Butter
Salz
Pfeffer
1 Chicoréestaude
1 Tomate
2 Schalotten
½ Knoblauchzehe
2 Stängel Petersilie
oder Kerbel
1 EL Olivenöl
Muskatnuss, frisch
gerieben

2 – 3 Eigelbe (je
nach Größe)
4 EL reduzierter
Geflügel- oder
Kräuterfond
1 TL Sherryessig

Zubereitungszeit:
40 Min.

Nährwerte pro Person:
216 kcal, 904 kJ,
7 g EW, 18 g F, 6 g KH

1 Die grünen Blätter der Artischocken mit einem scharfen Messer entfernen, sodass das zartgrüne, weiße Fleisch sichtbar ist. Butter in eine Kasserolle geben und Artischocken hinzufügen. Leicht mit Salz und Pfeffer würzen.

2 Das Ganze bei geschlossenem Deckel ca. 25 Minuten langsam beidseitig garen. Zur Hälfte der Garzeit können 1 – 2 EL Wasser zugegeben werden. Bei Garzeitende Artischocken herausnehmen, auf ein Schneidebrett legen und leicht auskühlen lassen.

3 Heu der Artischocken entfernen. Jeden Boden in ca. 8 Ecken schneiden. Dann die Artischockenecken kreisförmig auf 4 ofenfeste Teller legen.

4 Chicorée waschen, putzen und in Blätter zerteilen. Die Blätter in längliche Streifen schneiden. Tomate mit heißem Wasser überbrühen, häuten, entkernen und in kleine Würfel schneiden.

5 Schalotten und Knoblauch abziehen. Schalotten hacken, Knoblauch in Scheibchen schneiden. Petersilie oder Kerbel waschen und trocken schütteln, Blättchen von den Stängeln zupfen und grob hacken.

6 Olivenöl in eine Kasserolle geben, Schalotten und Knoblauch darin glasig anschwitzen. Chicorée zugeben und mit Salz und Pfeffer würzen. 3 Minuten köcheln lassen, Tomaten und Petersilie zugeben und mit Salz, Pfeffer sowie Muskatnuss abschmecken.

7 Eigelbe bei mittlerer Hitze im Geflügel- oder Kräuterfond zu einem schaumigen Sabayon aufschlagen. Mit Salz, Pfeffer und Sherryessig abschmecken. Über die Artischocken geben.

8 Die Platten in den Ofen schieben und unter dem Grill leicht gratinieren. Anschließend herausnehmen und in die Mitte der Teller je 1 EL Chicoréegemüse geben. Sofort heiß servieren.

Frühlingsgemüsegratin in Kräuterzabaione

200 g festkochende Kartoffeln	300 g Blumenkohl	80 ml Weißwein	Zubereitungszeit:
Salz	250 g Kohlrabi	2 EL gemischte Kräuter	40 Min.
½ TL Kümmel	80 g Butter	(z. B. Kerbel, Dill und	
je 200 g junge Möhren,	Zucker	Estragon), gehackt	Nährwerte pro Person:
grüner Spargel und	⅛ l Gemüsebrühe		285 kcal, 1191 kJ,
Erbsen	3 Eigelb		12 g E, 23 g F, 22 g KH
	1 TL Kräuteressig		

1 Kartoffeln waschen und mit Schale in Salzwasser mit Kümmel ca. 20 Minuten gar kochen. Gemüse waschen, putzen und in ca. 1 x 4 cm große Stücke schneiden. Kartoffeln pellen und warm halten.

2 Backofengrill vorheizen. Butter in einem Topf schmelzen, je 1 Prise Salz und Zucker einstreuen und Gemüse darin anschwitzen. Brühe zugießen und Gemüse ca. 10 Minuten dünsten.

3 Eigelb mit dem Kräuteressig und Weißwein im Wasserbad aufschlagen, bis die Masse luftig-cremig wird. Mit gehackten Kräutern und etwas Salz abschmecken.

4 Kartoffeln und Gemüse in tiefen ofenfesten Tellern anrichten, die Kräuterzabaione darübergeben und unter dem Backofengrill 3–4 Minuten leicht bräunen. Heiß servieren.

Sauerampfer-Spinat-Soufflé

Für 4 Personen:	Muskatnuss,	Zubereitungszeit:
250 g Sauerampfer	frisch gerieben	30 Min.
250 g Blattspinat	4 Eier	Backzeit:
Salz	70 g Gouda, gerieben	45 Min.
40 g Butter	Butter für die Form	
30 g Mehl		Nährwerte pro Person:
¼ l Milch		330 kcal, 1381 kJ,
Pfeffer aus der Mühle		18 g EW, 24 g F, 12 g KH

1 Sauerampfer und Spinat verlesen und waschen. In Salzwasser ca. 30 Sekunden blanchieren. In ein Sieb abgießen, abschrecken, gut abtropfen lassen, dann fein hacken.

2 Butter in einem Topf zerlassen und Mehl darin hell anschwitzen. Milch unter Rühren angießen. Soße ca. 10 Minuten köcheln lassen. Mit Salz, Pfeffer und Muskat würzen. Dann etwas abkühlen lassen.

3 Backofen auf 180 Grad vorheizen. Eier trennen. Eigelb, gehacktes Gemüse und Käse unter die Soße rühren. Eiweiß steif schlagen und unterheben.

4 Den Boden einer Souffléform (1 ½ l Inhalt) mit Butter ausfetten und die Masse einfüllen. Im heißen Ofen bei 180 Grad auf der untersten Schiene 40–45 Minuten backen. Sauerampfer-Spinat-Soufflé sofort servieren.

Tartiflette

1 Den Backofen auf 200 Grad vorheizen. Die Kartoffeln waschen, schälen und in reichlich Salzwasser ca. 25 Minuten garen. Anschließend abgießen, abtropfen lassen und in Scheiben schneiden.

2 Zwiebel abziehen und in feine Ringe schneiden. Mit kochendem Salzwasser überbrühen und abtropfen lassen. Die saure Sahne mit den Eiern glatt rühren, ¼ zur Seite stellen.

3 Den Speck in Würfel schneiden und unter die saure Sahne mischen. Mit Salz und Pfeffer würzen. Die Masse in eine große Schale geben und Kartoffeln sowie Zwiebelringe untermengen.

4 Die Kartoffelmasse in eine Auflaufform füllen und mit der beiseitegestellten sauren Sahne bedecken.

Reblochon quer halbieren und mit der Rinde nach oben auf den Auflauf legen.

5 Tartiflette in den heißen Ofen schieben. Ca. 20 Minuten überbacken. Petersilie abbrausen, trocken schütteln und hacken. Auflauf nach Garzeitende damit bestreuen und heiß servieren.

TIPP

Tartiflette ist ein Rezept aus Savoyen, das durch den aromatischen Reblochon eine charakteristische würzig-nussige Note erhält.

Für 4 Personen:
1 kg Kartoffeln
Salz
1 Zwiebel
500 g saure Sahne
2 Eier
100 g Speck in dünnen Scheiben
Pfeffer
400 g Reblochon
4 Stängel Petersilie

Zubereitungszeit:
30 Min.
Backzeit:
20 Min.

Nährwerte pro Person:
826 kcal, 3456 kJ,
34 g EW, 57 g F, 42 g KH

Bunter Wirsingauflauf

1 Kartoffeln waschen und in Salzwasser 20 Minuten kochen. Wirsing in Stücke schneiden und gut waschen. Frühlingszwiebeln waschen, putzen, in Ringe schneiden und mit geschälten, klein geschnittenen Möhren in einer Pfanne im Öl anbraten.

2 Wirsing und Brühe dazugeben und ca. 10 Minuten weiterdünsten. Sobald der Wirsing gar ist, Schmand und Haferflocken unterrühren und mit Pfeffer und Salz abschmecken.

3 Die Kartoffeln abgießen, pellen und in Scheiben schneiden. Eine Auflaufform einfetten, eine Schicht Kartoffelscheiben auf dem Boden auslegen, ein Teil des Wirsinggemüses daraufgeben. Abwechselnd

Kartoffeln und Gemüse schichten, bis das Gemüse verbraucht ist. Käse mit den Haferflocken vermischen, über den Auflauf streuen und 20 Minuten bei 180 Grad im vorgeheizten Ofen backen.

VARIANTE

Statt Haferflocken eignen sich auch Sesamsamen zum Bestreuen des Auflaufs. Er schmeckt auch mit Grünkohl statt mit Wirsing.

Für 4 Personen:
3 Kartoffeln
Salz
½ Wirsingkopf
**½ Bd. Frühlings-
zwiebeln**
2 Möhren
**2 EL Pflanzenöl (z. B.
von Biskin)**
150 ml Gemüsebrühe
120 g Schmand
25 g Haferflocken
Pfeffer
Fett für die Form
50 g Gouda, gerieben
**1 EL Haferflocken zum
Überbacken**

Zubereitungszeit:
1 Std.
Backzeit:
20 Min.

Nährwerte pro Person:
**585 kcal, 2445 kJ,
23 g EW, 33 g F, 42 g KH**

Champignongratin mit Schinken

Für 4 Personen:
800 g frische Champignons
100 g Schalotten
100 g Schinken
2 EL Butter
Salz
Pfeffer aus der Mühle
2 Eigelbe
200 g Sahnequark
Muskatnuss
½ Bd. Schnittlauch
Fett für die Form

Zubereitungszeit:
40 Min.

Nährwerte pro Person:
240 kcal, 1004 kJ,
17 g EW, 17 g F, 4 g KH

1 Backofen auf 250 Grad vorheizen. Champignons putzen und in Scheiben schneiden. Schalotten schälen und klein hacken. Schinken grob würfeln.

2 Die Butter in einer Pfanne zerlassen. Gehackte Schalotten in der Butter glasig dünsten. Champignons und Schinken zugeben und nur ganz kurz andünsten.

3 Pilze mit Salz und Pfeffer würzen. Den entstehenden Saft in eine kleine Pfanne geben. Diesen Sud auf ca. 3 EL Flüssigkeit einköcheln lassen.

4 Eigelbe verquirlen. Sahnequark damit vermengen. Mit der eingekochten Pilzflüssigkeit und der übrigen Flüssigkeit aus der Pilzpfanne verrühren. Mit Salz,

Pfeffer und frisch geriebener Muskatnuss pikant abschmecken.

5 Eine Auflaufform fetten. Pilze hineingeben und die Quarkmischung darüber verteilen. Im Backofen auf der mittleren Schiene 5–7 Minuten überbacken.

6 Schnittlauch waschen, trocken schütteln und in feine Ringe schneiden. Heißen Auflauf damit bestreuen und sofort heiß servieren.

BEILAGE

Reichen Sie zu diesem Champignongratin einen knackigen grünen Salat. Außerdem passt ein leichter Weiß- oder Roséwein dazu.

Kartoffel-Spargel-Gratin

Für 4 Personen:
je 500 g weißer und
grüner Spargel
Salz
500 g Kartoffeln
Fett für die Form
500 ml Alpro soya Cuisine
100 g Sahneschmelzkäse
2 EL heller Soßenbinder
Pfeffer
2 EL Walnusskerne
50 g Gouda, gerieben
1 Tomate
Kerbel zum Garnieren

Zubereitungszeit:
35 Min.
Backzeit:
40 Min.

Nährwerte pro Person:
510 kcal, 2134 kJ,
17 g EW, 38 g F, 27 g KH

1 Spargel waschen und die holzigen Enden abschneiden. Weißen Spargel ganz und vom grünen Spargel nur das untere Drittel schälen. Weißen Spargel in kochendem Salzwasser ca. 6 Minuten garen. Grünen Spargel nach 3 Minuten zufügen.

2 Spargel aus dem Topf heben und abtropfen lassen. Die Kartoffeln schälen, waschen und in dünne Scheiben schneiden oder hobeln. Je 1 grüne und weiße Spargelstange beiseitelegen.

x 10 Min. vorkochen

3 Spargel und Kartoffeln in eine gefettete Auflaufform schichten. Alpro soya Cuisine erwärmen. Schmelzkäse hineingeben und unter Rühren darin schmelzen. Soßenbinder einrühren. Mit Salz und Pfeffer würzen.

4 Backofen auf 200 Grad vorheizen. Die Soße über Spargel und Kartoffeln gießen. Das Ganze in den Ofen schieben und auf der mittleren Schiene ca. 40 Minuten garen.

5 Walnüsse grob hacken. Übrige Spargelstangen in Stücke schneiden. Gouda, Walnüsse und Spargelstücke ca. 10 Minuten vor Garzeitende über den Auflauf streuen.

6 Tomate waschen, putzen und vierteln. Kerne entfernen. Tomatenviertel in kleine Würfel schneiden. Auflauf aus dem Ofen nehmen und einige Minuten ausdampfen lassen. Danach die Tomatenstücke über den Auflauf streuen. Mit Kerbel garnieren und dann noch heiß servieren.

Kartoffelgratin

Für 4 Personen:
**900 g mehligkochende
Kartoffeln
1 Knoblauchzehe
¼ l Milch
200 g Sahne
100 g geriebener
Emmentaler**

**Salz
Pfeffer aus der Mühle
Muskatnuss, frisch
gerieben
1 EL Butter**

Zubereitungszeit:
15 Min.
Backzeit:
45 Min.

Nährwerte pro Person:
**364 kcal, 1523 kJ,
8 g EW, 20 g F, 38 g KH**

1 Kartoffeln schälen, waschen, trocken tupfen und in dünne Scheiben schneiden. Backofen auf 180 Grad vorheizen.

2 Knoblauch schälen und dann halbieren. Eine feuerfeste Form gründlich mit dem Knoblauch ausreiben. Milch mit Sahne und Käse zu einer glatten Masse verrühren.

3 Kartoffelscheiben schuppenförmig in der Form verteilen. Mit Salz, Pfeffer und Muskatnuss würzen, mit der Sahnemischung begießen. Butter in Flöckchen auf dem Gratin verteilen.

4 Gratin im heißen Ofen ca. 45 Minuten backen. Die Kartoffeln müssen weich, die Flüssigkeit muss aufgesogen und die Oberfläche leicht gebräunt sein.

Toskanischer Blumenkohlauflauf

Für 4 Personen:
1 kleiner Blumenkohl
Salz
8 getrocknete Tomaten
1 Handvoll Basilikum
1 rote Zwiebel
2 Knoblauchzehen
80 g Pinienkerne
125 g Mascarpone
250 g Sahne
(z. B. von Alnatura)
2 Eier
Pfeffer
Muskatnuss, frisch
gerieben
50 g Parmesan,
frisch gerieben

Zubereitungszeit:
30 Min.
Backzeit:
30 Min.

Nährwerte pro Person:
579 kcal, 2423 kJ,
24 g EW, 47 g F, 14 g KH

1 Blumenkohl putzen, waschen und in Röschen teilen. Den festen Strunk abschneiden. In einem großen Topf reichlich Wasser mit Salz zum Kochen bringen. Blumenkohlröschen darin 2 – 3 Minuten kochen lassen, dann eiskalt abschrecken.

2 Die getrockneten Tomaten in Streifen schneiden. Basilikum waschen, trocken tupfen und fein zerkleinern. Zwiebel sowie Knoblauch schälen und hacken. Pinienkerne in einer Pfanne ohne Fett kurz anrösten.

3 Blumenkohl, Tomaten, Basilikum, Zwiebel, Knoblauch und Pinienkerne vermengen. Dann alles in eine hohe Auflaufform geben.

4 Mascarpone mit Sahne und Eiern glatt rühren. Mit Salz, Pfeffer und Muskatnuss würzen und über die Blumenkohlmischung geben. Das Ganze mit Parmesan bestreuen.

5 Die Form in den kalten Backofen auf die mittlere Schiene stellen. Bei 200 Grad ca. 30 Minuten backen. Anschließend herausnehmen und vor dem Servieren noch kurz ausdampfen lassen. Dann heiß servieren.

TIPP

Das Auge isst ja bekanntlich mit: Garnieren Sie den Auflauf vor dem Servieren mit frischem Basilikum und Parmesanhobeln.

Auberginenauflauf

Für 4 Personen:
3 Auberginen
Salz
500 g Tomaten
1 Möhre
1 Stange Sellerie
1 Zwiebel
2 Knoblauchzehen
2 EL Olivenöl
1 Bd. Basilikum
1 getrockneter
Peperoncino
Pfeffer aus der Mühle
400 g Mozzarella
2 Eier, hart gekocht
20 g Butter

20 g Mehl
⅛ l Gemüsebrühe
⅛ l Milch
1 Msp. Muskatnuss,
frisch gerieben
Fett für die Form
40 g Parmesan, gerieben

Zubereitungszeit:
50 Min.
Backzeit:
35 Min.

Nährwerte pro Person:
531 kcal, 2222 kJ,
33 g EW, 36 g F, 18 g KH

1 Auberginen putzen, waschen und in ca. 1 cm dicke Scheiben schneiden. In eine Schüssel geben, salzen und ca. 1 Stunde Wasser ziehen lassen.

2 Tomaten kreuzweise einritzen, überbrühen, kurz ziehen lassen und häuten. Fruchtfleisch entkernen und ohne Stielansätze klein würfeln. Möhre schälen, putzen und waschen. Sellerie putzen und waschen. Beides in kleine Würfel schneiden.

3 Zwiebel und Knoblauch schälen und hacken. Beides im heißen Öl unter Rühren anbraten, Möhre sowie Sellerie zugeben und kurz mitbraten. Tomaten dazugeben. Backofengrill vorheizen.

4 Basilikum waschen, trocken schütteln, Blättchen abzupfen, die Hälfte in Streifen schneiden und mit dem Peperoncino zur Tomatenmischung geben. Salzen, pfeffern und offen bei mittlerer Hitze ca. 20 Minuten garen.

5 Auberginen mit Küchenpapier trocken tupfen, auf ein mit Backpapier belegtes Blech legen und unter der heißen Grillschlange kurz rösten, dabei einmal wenden. Auberginen herausnehmen, Backofen auf 200 Grad schalten.

6 Mozzarella abtropfen lassen und in Würfel schneiden. Eier pellen und in gleichmäßig dünne Scheiben schneiden.

7 Butter in einem Topf schmelzen und das Mehl darin unter Rühren anschwitzen, bis es goldgelb ist.

Gemüsebrühe und Milch mischen und nach und nach unter Rühren zur Mehlmischung geben. Ca. 10 Minuten bei schwacher Hitze köcheln lassen, mit Salz, Pfeffer und Muskat abschmecken.

8 Eine feuerfeste Form ausfetten. Auberginen mit Tomatensoße, Mozzarella, Ei und Parmesan einschichten. Béchamelsoße darübergießen und den Auflauf im heißen Ofen ca. 35 Minuten backen.

BEILAGE
Dazu schmecken auch Lammkoteletts: 8 Lammstielkoteletts trocken tupfen, mit Salz und Pfeffer würzen. 1 Knoblauchzehe schälen und halbieren. Etwas Öl in einer Pfanne erhitzen und Koteletts darin mit Knoblauch bei mittlerer Hitze von beiden Seiten ca. 5 Minuten braten.

Wirsinggratin

Für 4 Personen:
1 Zwiebel
1 kg Wirsing
1 EL Öl
400 ml Gemüsebrühe
3 – 4 EL helle Mehl-
schwitze (Fertigprodukt)
140 g cremiger Brotauf-
strich (z. B. von Brunch)
Salz
Pfeffer aus der Mühle
Muskatnuss,
frisch gerieben
100 g Appenzeller
Fett für die Form
2 Tomaten
2 EL Schnittlauchröllchen

Zubereitungszeit:
30 Min.
Backzeit:
30 Min.

Nährwerte pro Person:
308 kcal, 1280 kJ,
15 g EW, 23 g F, 10 g KH

1 Zwiebel schälen und hacken. Wirsing halbieren, Strunk entfernen, die Blätter in Streifen schneiden, mit kaltem Wasser waschen und in einem Sieb abtropfen lassen.

2 Öl in einem großen Topf erhitzen. Zwiebel darin anbraten, Wirsingstreifen zugeben und unter Rühren andünsten. Mit Brühe aufgießen, Deckel auflegen und den Wirsing in ca. 7 Minuten bissfest garen. Abgießen, dabei den Fond auffangen.

3 Gemüsefond erhitzen, mit Mehlschwitze abbinden und kurz aufkochen lassen. Hitze reduzieren und den Brotaufstrich unterrühren. Mit Salz, Pfeffer und Muskat abschmecken. Backofen auf 200 Grad vorheizen.

4 Käse reiben. Wirsing in eine leicht gefettete Auflauf-form geben. Die Soße darüber verteilen und das

Ganze mit geriebenem Käse bestreuen. Den Auflauf im heißen Backofen auf der mittleren Schiene ca. 30 Minuten überbacken.

5 Tomaten waschen und in Würfel schneiden. Das Wirsinggratin mit den Tomatenwürfeln und Schnitt-lauchröllchen bestreut servieren.

TIPP
Wirsing hat von September bis Mai Saison. Er kann in diesem Rezept nach Geschmack auch durch Grünkohl ersetzt werden.

Fenchelgratin mit Tomatensoße

Für 4 Personen:
Für das Gratin:
1 kg Fenchelknollen
mit Grün
Salz
50 g Butter
125 g Sahne
schwarzer Pfeffer
100 g Parmesan
30 g schwarze entsteinte
Oliven
Für die Tomatensoße:
800 g Tomaten
100 g Zwiebeln
1 Knoblauchzehe
3 EL Olivenöl
Salz
schwarzer Pfeffer
125 ml trockener
Weißwein
2 Stängel Basilikum

Zubereitungszeit:
35 Min.
Backzeit:
20 Min.

Nährwerte pro Person:
527 kcal, 22205 kJ,
18 g EW, 41 g F, 16 g KH

1 Backofen auf 200 Grad vorheizen. Fenchel waschen, Wurzelansatz und grüne Stängel abschneiden. Bei Bedarf die äußeren Rippen entfernen. 1 EL Fenchelgrün hacken und beiseitelegen.

2 Knollen längs vierteln und ca. 10 Minuten in kochendem Salzwasser garen. Anschließend mit einem Schaumlöffel herausheben und gründlich abtropfen lassen.

3 Butter in einer feuerfesten Form zerlassen und die Fenchelstücke hineinlegen. Mit Sahne übergießen, mit Salz und Pfeffer würzen.

4 Parmesan reiben. Oliven in Scheiben schneiden. Beides über den Fenchel streuen. Das Fenchelgratin in den heißen Backofen stellen und ca. 20 Minuten überbacken.

5 Für die Tomatensoße die Tomaten blanchieren. Dann häuten, Kerne und Stielansätze entfernen, Fruchtfleisch in kleine Würfel schneiden. Zwiebeln abziehen und fein hacken. Knoblauch abziehen und zerdrücken.

6 Olivenöl in einer großen Pfanne erhitzen. Zwiebeln darin hell anschwitzen. Tomatenwürfel und Knoblauch dazugeben, salzen und pfeffern. Den Wein angießen und die Soße bei geringer Hitze ca. 20 Minuten köcheln lassen.

7 Basilikum waschen, trocken schütteln und Blätter fein schneiden. Nach Garzeitende in die Soße einrühren und das Ganze nochmals abschmecken. Das fertige Fenchelgratin mit dem gehackten Fenchelgrün bestreuen. Zusammen mit der Tomatensoße servieren.

Kürbissoufflés mit Appenzeller

Für 4 Personen:
4 Eichelkürbisse
Salz
3 Eier
ca. 50 g Butter
Pfeffer aus der Mühle
1 EL Crème fraîche

100 g Appenzeller,
gerieben
Muskatnuss, frisch
gerieben
2 EL Kürbiskerne
Schnittlauch zum
Garnieren

Zubereitungszeit:
25 Min.
Backzeit:
30 Min.

Nährwerte pro Person:
341 kcal, 1432 kJ,
16 g EW, 27 g F, 8 g KH

1 Je einen Deckel von den Kürbissen abschneiden und die Kürbisse mit einem Löffel oder Messer großzügig aushöhlen. Fruchtfleisch von Kernen und Fasern befreien und in Würfel schneiden. Kürbisstücke in etwas Salzwasser weich kochen. Anschließend in ein Sieb abgießen, abtropfen lassen, pürieren und abkühlen lassen. Eier trennen.

2 Ofen auf 250 Grad vorheizen. Die Kürbisse mit etwas Butter einreiben, salzen und pfeffern. Crème fraîche, Eigelb und Käse unter das Kürbispüree rühren. Mit Pfeffer, Muskatnuss und Salz abschmecken.

3 Eiweiß mit 1 Prise Salz steif schlagen und mit einem Teigschaber vorsichtig unter die Kürbismasse heben. Die Kürbiskerne hacken. Kürbismasse in die ausgehöhlten Kürbisse füllen und mit den gehackten Kernen bestreuen.

4 Soufflés in den heißen Backofen schieben und auf der mittleren Schiene in 20–30 Minuten goldbraun backen. Backofentür zwischendurch auf keinen Fall öffnen, da die Soufflés sonst zusammenfallen. Fertige Soufflés mit Schnittlauch garnieren und heiß servieren.

Zucchinisoufflé

Für 4 Personen:
500 g Zucchini
Meersalz
40 g Butter
10 g Sojamehl
10 g Vollkornmehl
¼ l Milch

1 TL gekörnte Brühe
frisch gemahlener
Pfeffer, Muskat
1 Bd. Petersilie
100 g Emmentaler
3 Eier für die Form
Butter

Zubereitungszeit:
50 Min.
Backzeit:
30 Min.

Nährwerte pro Person:
322 kcal, 1350 kJ,
19 g EW, 24 g F, 8 g KH

1 Zucchini waschen, putzen und in feine Stifte schneiden. Mit 1 Tasse Wasser in einen Topf geben, leicht salzen. Ca. 5 Minuten offen dünsten, bis die Flüssigkeit verdunstet ist.

2 In einem zweiten Topf die Butter erhitzen, Mehl darin kurz anschwitzen. Milch einrühren, dann unter Rühren kochen lassen, bis sie eingedickt ist. Zucchini einrühren, mit Brühe, Salz, Pfeffer und Muskat abschmecken. Die Soße leicht abkühlen lassen.

3 Den Backofen auf 220 Grad vorheizen. Eine Auflaufform darin etwa 5 Minuten anwärmen.

4 Petersilie waschen, trocken schütteln, fein hacken. Käse reiben. Eier trennen. Eiweiß mit 1 Prise Salz steif schlagen. Petersilie, Käse und Eigelbe in die Gemüsemasse rühren. Eischnee unterziehen.

5 Ein Stück Butter auf dem Boden der Form verlaufen lassen. Die Masse einfüllen und das Soufflé auf der mittleren Schiene 25–30 Minuten backen, bis die Oberfläche braun ist.

6 Zum Servieren aus dem Soufflé mit einem Löffel Nocken abstechen und auf die Teller setzen. Noch heiß servieren.

Pastinaken-Süßkartoffel-Auflauf

Für 4 Personen:
6 Stängel Petersilie
6 Eier
Salz
Pfeffer aus der Mühle
6 Möhren
4 Pastinaken
300 g Süßkartoffeln

2 EL Öl
je 1 Prise Kardamom,
Zimt und Fenchelsamen
Fett für die Form

Zubereitungszeit:
25 Min.
Backzeit:
40 Min.

Nährwerte pro Person:
331 kcal, 1385 kJ,
17 g EW, 17 g F, 28 g KH

1 Petersilie abbrausen, trocken schütteln, Blättchen abzupfen und fein hacken. In eine Schüssel geben und mit Eiern verquirlen. Mit Salz und frisch gemahlenem Pfeffer würzen.

2 Den Backofen auf 180 Grad vorheizen. Möhren und Pastinaken schälen, mit kaltem Wasser waschen und beides dann in mundgerechte Scheiben schneiden. Süßkartoffeln schälen und ebenfalls in Würfel schneiden.

3 Öl in einer Pfanne erhitzen. Gemüse dazugeben und unter Rühren einige Minuten anschwitzen. Mit Kardamom, Zimt und Fenchelsamen pikant abschmecken.

4 Eine Auflaufform fetten und Gemüse hineingeben. Verquirlte Eier darübergießen. In den Backofen

schieben und auf der mittleren Schiene in ca. 40 Minuten goldbraun backen. Pastinaken-Süßkartoffel-Auflauf heiß servieren.

> **TIPP**
> Pastinaken enthalten viele Kohlenhydrate, viel Eiweiß und Kalzium. Nachdem Sie hierzulande fast in Vergessenheit geraten waren, findet man sie heute wieder häufiger in den Küchen. Süßkartoffeln stammen ursprünglich aus Lateinamerika und bilden dort einen wichtigen Grundstock der Ernährung.

Kohlrabigratin

Für 4 Personen:
½ Bd. Basilikum
800 g Kohlrabi
1 EL Butter
Salz
Pfeffer
2 EL Olivenöl
75 ml Gemüsebrühe
1 EL Zitronensaft
40 g Parmesan,
gerieben

Zubereitungszeit:
25 Min.
Backzeit:
40 Min.

Nährwerte pro Person:
**165 kcal, 690 kJ,
8 g EW, 11 g F, 9 g KH**

1 Basilikum waschen und trocken tupfen. Die Blätter von den Stängeln zupfen und einige für die Garnitur zur Seite legen. Kohlrabi waschen, schälen und in dünne Scheiben hobeln.

2 Backofen auf 200 Grad vorheizen. Eine Auflaufform mit Butter ausfetten. Mit einer Schicht Kohlrabi auslegen. Darüber etwas Basilikum geben, wenig salzen und pfeffern.

3 Die nächste Schicht Kohlrabi auflegen. Zwischendurch den Kohlrabi mit etwas Öl beträufeln. Weiter so verfahren, bis alle Zutaten aufgebraucht sind.

4 Etwas Gemüsebrühe und Zitronensaft über den Kohlrabi gießen. Dann die Form mit Backpapier abdecken. In den heißen Ofen schieben und 20 Minuten backen.

5 Gratin aus dem Ofen nehmen, das Backpapier entfernen, mit Parmesan bestreuen und in weiterer 15–20 Minuten fertig backen. Vor dem Servieren mit den beiseitegelegten Basilikumblättchen garnieren.

BEILAGE

Dieses italienisch angehauchte Rezept passt hervorragend zu kurz gebratenem Fleisch und gegrilltem Fisch. Auch Gorgonzola, als Soße oder pur, schmeckt lecker dazu.

Geschmorter Kohlrabi mit Polentasoufflé

Für 4 Personen:
4 Kohlrabi
Salz
2 Zwiebeln
2 säuerliche Äpfel
2 EL Olivenöl (z. B.
von Alnatura)
200 ml Apfelsaft
Meersalz
Pfeffer aus der Mühle
1 EL feine Kapern
60 g Butter
60 g getrocknete
Tomaten
50 g Polentagrieß
40 g Parmesan, gerieben
½ TL getrockneter
Oregano
2 Eier

Zubereitungszeit:
40 Min.
Backzeit:
30 Min.

Nährwerte pro Person:
442 kcal, 1849 kJ,
14 g EW, 32 g F, 29 g KH

1 Kohlrabi putzen, dabei die zarten, kleinen Blätter aufbewahren. Die Knollen schälen und einen Deckel abschneiden. Dann Kohlrabiköpfe in kochendes, gesalzenes Wasser setzen und darin in 10–15 Minuten bissfest garen.

2 Nach der Garzeit Kohlrabi aus dem Sud nehmen und abtropfen lassen. Das Innere bis auf einen 1 cm dicken Rand aushöhlen. Zusammen mit dem Deckel fein würfeln.

3 Die Zwiebeln abziehen und fein würfeln. Äpfel schälen, Kerngehäuse ausschneiden und Fruchtfleisch ebenfalls würfeln. Olivenöl in einem Topf erhitzen und beides darin anschwitzen.

4 Kohlrabiwürfel zugeben und mitdünsten, dann mit Apfelsaft ablöschen. Mit Meersalz und frisch gemahlenem Pfeffer abschmecken. Zusammen mit Kapern sowie der Hälfte der Butter in eine ofenfeste Form geben.

5 Die getrockneten Tomaten klein schneiden. 200 ml gesalzenes Wasser mit restlicher Butter aufkochen.

6 Unter Rühren den Polentagrieß hinzufügen und kurz aufkochen. Parmesan, Tomaten und Oregano einrühren und 10 Minuten quellen lassen.

7 Eier trennen. Eiweiß mit 1 Prise Salz steif schlagen. Eigelb in die Polentamasse rühren, Eischnee vorsichtig unterheben.

8 Backofen auf 200 Grad vorheizen. Polentamasse zu zwei Drittel in die ausgehöhlten Kohlrabis füllen, diese in die Auflaufform setzen und 30 Minuten im Ofen garen.

9 Die beiseitegelegten Kohlrabiblätter grob schneiden und kurz vor dem Servieren über das fertige Gericht streuen.

TIPP

Verwenden Sie für dieses Rezept am besten mittelgroße Kohlrabi. Die großen Exemplare sind oft etwas holzig.

Mediterranes Gemüsegratin

Für 4 Personen:
2 kleine Auberginen
(ca. 600 g)
750 g Zucchini
300 g feste Tomaten
5 EL Olivenöl
2 Zwiebeln, fein gewürfelt
2 EL Mehl
500 ml laktosefreie Milch
(z. B. von Weihenstephan)
Salz
Pfeffer aus der Mühle
2 – 3 EL frische
Oreganoblättchen
2 Knoblauchzehen
2 – 3 Scheiben Bauernbrot
(ca. 150 g)
1 EL Olivenöl

Zubereitungszeit:
35 Min.
Backzeit:
35 Min.

Nährwerte pro Person:
370 kcal, 1548 kJ,
13 g EW, 19 g F, 38 g KH

1 Auberginen, Zucchini und Tomaten waschen und alles putzen. Dann das Gemüse in dünne Scheiben schneiden.

2 Backofen auf 175 Grad vorheizen. 2 EL Olivenöl in einer breiten Pfanne erhitzen. Auberginen nach und nach von beiden Seiten darin anbraten. Alles Gemüse überlappend in einer großen, flachen Gratinform arrangieren.

3 Für die Béchamelsoße 2 EL Olivenöl leicht erhitzen. Zwiebelwürfel darin bei schwacher Hitze glasig werden lassen. Mehl durch ein Sieb darüberstäuben und anschwitzen. Unter ständigem Rühren mit der Milch ablöschen.

4 Die Soße mit Salz, Pfeffer und Oregano würzen und unter häufigem Rühren bei schwacher Hitze 5 Minuten sanft köcheln lassen.

5 Den Knoblauch schälen. Bauernbrotscheiben klein würfeln. Dann in einer breiten Pfanne im übrigen Olivenöl rundherum knusprig braten. Dabei den Knoblauch dazupressen.

6 Béchamelsoße über dem Gemüse verteilen, Brotwürfel darüberstreuen und im Backofen auf der mittleren Schiene ca. 35 Minuten backen.

VARIANTE

Sie können auch etwas geriebenen Hartkäse vor dem Backen über das Gemüse streuen (z. B. Parmesan).

Kartoffel-Pilz-Auflauf

Für 4 Personen:
600 g Kartoffeln
Salz
200 g gemischte Pilze
(z. B. Steinpilze, Champig-
nons, Maronenpilze)
2 Schalotten
3 Zweige Estragon
Fett für die Form
Pfeffer aus der Mühle
100 g saure Sahne
150 ml Gemüsebrühe
1 EL Walnüsse
20 g getrocknete Tomaten
1 EL gehobelte Haselnüsse
50 g Gruyère, gerieben
Estragon zum Garnieren

Zubereitungszeit:
25 Min.
Backzeit:
45 Min.

Nährwerte pro Person:
220 kcal, 920 kJ,
10 g EW, 8 g F, 25 g KH

1 Den Backofen auf 180 Grad vorheizen. Kartoffeln schälen, waschen und in feine Scheiben schneiden. In kochendem Salzwasser ca. 10 Minuten vorgaren. Dann abgießen, abschrecken und gut abtropfen lassen.

2 In der Zwischenzeit die Pilze putzen und in feine Scheiben schneiden. Die Schalotten schälen und fein hacken. Estragon abbrausen, trocken schütteln und Blättchen hacken.

3 Eine Auflaufform ausfetten. Pilze mit Kartoffeln, Schalotten und Estragon in eine gefettete Auflauf-form schichten. Das Ganze mit Pfeffer und etwas Salz würzen. Saure Sahne mit Brühe verrühren und darübergießen.

4 Walnüsse und getrocknete Tomaten hacken. Beides mit den gehobelten Haselnüssen auf dem Gratin verteilen. Mit Käse bestreuen.

5 Kartoffel-Pilz-Auflauf in den heißen Backofen auf die mittlere Schiene schieben. Ca. 45 Minuten garen. Mit Estragon garniert servieren.

TIPP

Estragon hat ein leicht bitteres und gleichzeitig dezent süßes Aroma. Er ist in der französischen Küche besonders beliebt.

Fruchtiger Sauerkrautauflauf

Für 4 Personen:
**750 g vorwiegend fest-
kochende Kartoffeln
Salz
je 1 rote und grüne
Paprikaschote
1 kg Sauerkraut (Dose)
40 g Walnüsse
100 g getrocknete
Cranberrys
1 Zwiebel
1 EL Öl
je 2 TL Paprika- und
Chilipulver
2 TL Majoran (frisch
oder getrocknet)**

**200 g Kochsahne
200 g saure Sahne
2 TL Mehl
2 Eier
Fett für die Form
50 g geriebener Edamer**

Zubereitungszeit:
40 Min.
Backzeit:
40 Min.

Nährwerte pro Person:
**560 kcal, 2343 kJ,
20 g EW, 22 g F, 63 g KH**

1 Kartoffeln schälen, waschen und in dünne Scheiben schneiden. In Salzwasser ca. 10 Minuten kochen. Danach abgießen und gut abtropfen lassen.

2 Paprikaschoten vierteln, putzen, waschen und in Streifen schneiden. Sauerkraut gut ausdrücken und abtropfen lassen. Walnüsse hacken und kurz rösten. Sauerkraut mit Paprika, Walnüssen und Cranberrys mischen.

3 Den Backofen auf 200 Grad vorheizen. Zwiebel schälen und klein würfeln. Öl in einem Topf erhitzen. Zwiebel darin glasig dünsten. Paprika- und Chilipulver sowie Majoran zugeben und Kochsahne angießen.

4 Das Ganze einmal aufkochen lassen. Dann den Topf sofort von der Kochstelle nehmen. Saure

Sahne mit Mehl und Eiern verquirlen und unter die Kochsahne rühren.

5 Eine Auflaufform ausfetten und die Hälfte der Kartoffelscheiben hineingeben. Das Sauerkraut darauf verteilen und gut zwei Drittel der Eier-Sahne darübergießen. Die restlichen Kartoffeln daraufgeben und die übrige Eier-Sahne darübergießen.

6 Den Auflauf mit Edamer bestreuen. In den heißen Backofen auf die mittlere Einschubleiste stellen und 30–40 Minuten backen.

TIPP
Sauerkraut wird aus Weißkohl hergestellt. Dieses Wintergemüse ist bei uns die bedeutendste Kohlsorte mit hellgrünen, glatten, runden Köpfen.

Möhren-Hummus-Auflauf

Für 4 Personen:
1,5 kg kleine Möhren
350 ml Gemüsebrühe
425 g gegarte Kicher-
erbsen (Dose)
4 EL Zitronensaft
2 Knoblauchzehen
50 g Tahin (Glas)
Salz
Pfeffer
gemahlener Kreuz-
kümmel
4 EL Sojacreme (ersatz-
weise Crème légère)
100 g Schafkäse
2 TL Sesam
3 Stängel glatte
Petersilie

Zubereitungszeit:
40 Min.
Backzeit:
20 Min.

Nährwerte pro Person:
377 kcal, 1577 kJ,
20 g EW, 17 g F, 35 g KH

1 Den Backofen auf 200 Grad vorheizen. Die Möhren waschen, schälen, putzen und je nach Größe längs halbieren oder vierteln.

2 Gemüsebrühe aufkochen und Möhren darin ca. 10 Minuten vorgaren. Anschließend abtropfen lassen, dabei die Brühe auffangen.

3 In der Zwischenzeit die Kichererbsen in ein Sieb geben, waschen und gut abtropfen lassen. Mit Zitronensaft in einen hohen Rührbecher geben und pürieren. Die Knoblauchzehen schälen und dazupressen.

4 Tahin mit dem abgesetzten Öl im Glas verrühren, dann die benötigten 50 g abmessen. Diese dann zum Kichererbsenpüree geben und glatt rühren. 80 ml der aufgefangenen Gemüsebrühe unter das Püree rühren, sodass die Hummuscreme nicht zu fest ist.

5 Die Creme mit Salz, Pfeffer und Kreuzkümmel abschmecken. Hummus in eine Auflaufform geben und verstreichen. Möhren darauf verteilen und das Ganze mit der Sojacreme bestreichen.

6 Schafkäse zerbröckeln und über die Sojacreme geben. Das Ganze mit Sesam bestreuen. Den Auflauf in den heißen Backofen schieben und ca. 20 Minuten backen.

7 Inzwischen die Petersilie waschen und trocken schütteln. Den heißen Auflauf vor dem Servieren damit garnieren.

TIPP
Tahin ist eine Paste auf Basis von Sesamkörnern. Sie ist in der arabischen Küche weit verbreitet und heute bei uns auch in gut sortierten Supermärkten erhältlich.

Tomaten-Pilz-Gratin

Für 4 Personen:
1 große Zwiebel
1 TL Öl
80 g Paniermehl
150 g Emmentaler, gerieben
Pfeffer aus der Mühle

Muskatnuss, frisch gerieben
750 g Fleischtomaten
250 g Austernpilze
40 g Knoblauchbutter
6 Salbeiblättchen
100 g Sahne

Zubereitungszeit:
30 Min.
Backzeit:
30 Min.

Nährwerte pro Person:
414 kcal, 1732 kJ,
18 g EW, 28 g F, 24 g KH

1 Zwiebel schälen, hacken und im heißen Öl glasig dünsten. Pfanne vom Herd nehmen. Paniermehl und Käse zur abgekühlten Zwiebel geben und alles gut vermengen. Mit Pfeffer und Muskat würzen.

2 Tomaten kreuzweise einritzen, überbrühen, kurz ziehen lassen und häuten. Stielansätze entfernen und das Fruchtfleisch in gleichmäßig dünne Scheiben schneiden. Pilze mit Küchenpapier gut abreiben, putzen und in breite Streifen schneiden.

3 Eine flache Gratinform mit der Knoblauchbutter ausstreichen. Salbeiblätter waschen, trocken tupfen und in der Form auslegen. Tomatenscheiben und Pilze fächerförmig einschichten.

4 Backofen auf 200 Grad vorheizen. Tomaten und Pilze mit der Paniermehlmischung bestreuen und gleichmäßig mit Sahne begießen. Im heißen Ofen auf der mittleren Schiene ca. 40 Minuten backen.

Käsesoufflés in Tomaten

Für 4 Personen:
4 große oder 8 kleinere Tomaten
Butter für die Form
30 g Butter
4 EL Mehl
¼ l Milch
Salz

Pfeffer aus der Mühle
4 Eier, getrennt
150 g Greyerzer, gerieben

Zubereitungszeit:
30 Min.
Backzeit:
30 Min.

Nährwerte pro Person:
244 kcal, 1021 kJ, 12 g EW,
16 g F, 13 g KH

1 Von den Tomaten je einen Deckel abschneiden und mit einem Löffel das Fruchtfleisch vorsichtig herauslösen. Eine Auflaufform einfetten. Backofen auf 190 Grad vorheizen.

2 Butter in einem Topf zerlassen. Mehl unter Rühren zufügen und anschwitzen. Milch unter Rühren angießen und so lange erhitzen, bis die Soße bindet. Salzen und pfeffern. Unter Rühren abkühlen lassen.

3 Eiweiß mit 1 Prise Salz steif schlagen. Käse und Eigelb unter die Milchmischung rühren. Eischnee vorsichtig unterheben und die Tomaten bis ca. 1 cm unter dem Rand mit der Masse befüllen.

4 Tomaten in die Form setzen und das Ganze im heißen Ofen ca. 20 Minuten backen. Dann Temperatur auf 230 Grad erhöhen und die Soufflés in ca. 10 Minuten fertig backen.

AUFLÄUFE & GRATINS
MIT NUDELN,
REIS & CO.

Makkaroniauflauf mit Brokkoli und Blumenkohl *(Abb. S. 37)*

Für 4 Personen:
200 g Brokkoliröschen
200 g Blumenkohlröschen
500 g Makkaroni, Salz
300 ml fettarmer
Sojadrink (z. B. von
Alpro soya)

100 ml Gemüse- oder
Hühnerbrühe
1 Prise Cayennepfeffer
schwarzer Pfeffer
100 g Ricotta
4 EL Parmesan, gerieben
150 g Cheddar, gerieben

Olivenöl
100 g Paniermehl

Zubereitungszeit:
35 Min.
Backzeit:
40 Min.

Nährwerte pro Person:
507 kcal, 2121 kJ,
23 g EW, 15 g F, 68 g KH

1 Den Backofen auf 190 Grad vorheizen. Brokkoli und Blumenkohl waschen, putzen und in Röschen zerteilen. Abtropfen lassen. Makkaroni nach Packungsanweisung in reichlich Salzwasser garen.

2 In der Zwischenzeit Sojadrink zum Kochen bringen. Hitze sofort reduzieren, Brühe hinzufügen und 3–4 Minuten sieden lassen. Vom Herd nehmen, Brokkoli und Blumenkohl zugeben und mit Cayennepfeffer und schwarzem Pfeffer würzen.

3 Nach Garzeitende die Nudeln abtropfen lassen. Mit Ricotta, 3 EL Parmesan und Cheddar mischen.

4 Eine runde Backform mit 20–25 cm Durchmesser leicht mit Olivenöl ausfetten. Nudeln hineingeben und mit der Gemüse-Soja-Mischung übergießen. Paniermehl mit dem restlichen Parmesan vermischen und über den Auflauf streuen.

5 Den Auflauf mit Backpapier abdecken und auf die mittlere Schiene im Backofen schieben. 20 Minuten backen.

6 Dann das Backpapier abnehmen und weitere 20 Minuten backen, bis die gesamte Flüssigkeit aufgesogen ist.

Tortelliniauflauf

Für 4 Personen:
600 g frische Tortellini
(Kühlregal)
Salz
2 kleine Zucchini
75 g Butter
200 g Sahne

8 EL Parmesan, frisch
gerieben
Pfeffer aus der Mühle
Muskatnuss, frisch
gerieben
etwas altbackenes
Weißbrot

Zubereitungszeit:
15 Min.
Backzeit:
20 Min.

Nährwerte pro Person:
535 kcal, 2238 kJ,
15 g EW, 40 g F, 29 g KH

1 Tortellini in reichlich Salzwasser nach Packungsangabe bissfest garen. Abgießen und dann abtropfen lassen. Zucchini waschen, trocken reiben und grob raspeln. Backofen auf 200 Grad vorheizen.

2 Butter in einen Topf geben und bei mittlerer Hitze schmelzen. Sahne hinzufügen und bei kleinster Hitze 2–3 Minuten einkochen. 3 EL Parmesan dazugeben und mit Salz, Pfeffer und Muskatnuss würzen.

3 Tortellini mit Sahnesoße und Zucchini gut vermengen. Auf 4 Auflaufförmchen verteilen. Altbackenes Brot zerbröseln und mit dem übrigen Parmesan über die Tortellini streuen.

4 Tortelliniauflauf in den Ofen schieben. 15–20 Minuten im Backofen gratinieren, bis die Brösel sich goldbraun verfärben. Anschließend kurz ausdampfen lassen und sofort servieren.

Lasagne mit Hackfleisch

Für 4 Personen
1 Knoblauchzehe
1 Zwiebel
3 EL Öl
**600 g gemischtes Hack-
fleisch**
Salz
Pfeffer
1 Lorbeerblatt
1 EL Petersilie, gehackt
1/4 l Brühe
**850 g geschälte Tomaten
(Dose)**
15 Lasagneblätter
30 g Butter
30 g Mehl
1/2 l Milch
Muskatnuss
250 g Mozzarella
Fett für die Form
**80 g Parmesan, frisch
gerieben**
30 g Butter in Flöckchen

Zubereitungszeit
1 Std.
Backzeit
40 Min.

Nährwerte pro Person
**703 kcal, 2941 kJ,
43 g EW, 42 g F, 37 g KH**

1 Knoblauch und Zwiebel schälen und fein hacken. Im heißen Öl kurz anbraten, Hackfleisch zugeben und unter Rühren anbraten, bis es etwas Farbe angenommen hat. Salzen und pfeffern, Lorbeer, Petersilie, Brühe und Tomaten mit Saft dazugeben und 20 Minuten unter gelegentlichem Rühren köcheln lassen.

2 Backofen auf 180 Grad vorheizen. Nudelblätter in reichlich gesalzenem Wasser 2 Minuten kochen, bis sie etwas elastisch sind. Kurz in kaltes Wasser tauchen und auf Küchentüchern auslegen.

3 Für die Béchamelsoße Butter und Mehl unter Rühren hellgelb anschwitzen. Milch nach und nach mit einem Schneebesen einrühren. 5 Minuten leicht köcheln lassen. Mit Salz, Pfeffer und Muskat abschmecken. Ab und zu umrühren.

4 Abgetropften Mozzarella in Scheiben schneiden. Eine rechteckige Auflaufform einfetten. Abwechselnd 1 Lage Lasagneblätter, darauf Hackfleisch-

ragout, Béchamelsoße und Mozzarella einschichten, bis alle Zutaten verbraucht sind.

5 Den Abschluss sollte Béchamelsoße bilden. Diese mit Parmesan bestreuen. Butterflöckchen darauf verteilen und 30–40 Minuten goldgelb backen.

TIPP

Droht der Käse während des Backens zu dunkel zu werden, können Sie die Lasagne mit Alufolie abdecken. So kann der Käse nicht verbrennen.

Gemüselasagne mit Putenbrust

1 Putenbrust waschen, trocken tupfen und in kleine Würfel schneiden. Schalotten schälen und fein würfeln. Möhren und Kohlrabi schälen, waschen und in sehr kleine Würfel schneiden.

2 Tomaten waschen, vierteln, Stielansätze entfernen, Fruchtfleisch entkernen und in kleine Würfel schneiden. Öl erhitzen. Schalotten und Fleischwürfel darin kräftig anbraten. Mit Salz und Pfeffer würzen. Currypulver darüberstäuben und anschwitzen. Je ⅔ der Gemüsewürfel zufügen und kurz mit andünsten.

3 EL Alpro soya Drink und Eier verquirlen. Die Puten-Gemüse-Mischung mit übrigem Drink ablöschen und ca. 2 Minuten köcheln lassen.

4 Inzwischen Kräuter waschen, trocken tupfen, hacken und unter das Gemüse rühren. Soßenbinder einstreuen und nochmals aufkochen lassen. Abschmecken und verquirlte Eier unterrühren, danach nicht mehr kochen lassen.

5 Übriges Gemüse ca. 2 Minuten in kochendem Salzwasser blanchieren und abtropfen lassen. Lasagneplatten und Puten-Gemüse-Ragout abwechselnd in eine Auflaufform schichten. Letzte Lasagneschicht mit blanchierten Gemüsewürfeln bestreuen. Käse darüberreiben.

6 Lasagne im auf 175 Grad vorgeheizten Backofen 40–45 Minuten backen. Mit frischen Kräutern garniert servieren.

Für 4 Personen:
800 g Putenbrust
75 g Schalotten
350 g Möhren
1 Kohlrabi (ca. 300 g)
2 Tomaten
2 EL Öl
Salz
Pfeffer
1–2 TL Currypulver
1 l Alpro soya Drink Kalzium
2 Eier
2 Zweige Estragon
je 2 Stängel Kerbel und glatte Petersilie
2 EL heller Soßenbinder (Instant)
9 Lasagneplatten
50 g mittelalter Gouda
frische Kräuter zum Garnieren

Zubereitungszeit:
45 Min.
Backzeit:
40 Min.

Nährwerte pro Person:
440 kcal, 1840 kJ,
49 g EW, 14 g F, 29 g KH

Überbackene Makkaroni

Für 4 Personen:
4 Tomaten
200 g Hinterschinken
in Scheiben
500 g Makkaroni
Salz
2 EL Butter
200 g Sahne
2 EL Crème fraîche
Pfeffer aus der Mühle
100 g Paniermehl
100 g Emmentaler,
gerieben

Zubereitungszeit:
15 Min.
Backzeit:
10 Min.

Nährwerte pro Person:
679 kcal, 2841 kJ,
28 g EW, 38 g F, 57 g KH

1 Tomaten waschen, halbieren, vom Stielansatz befreien und entkernen. Das Fruchtfleisch in feine Streifen schneiden. Schinken ebenfalls in feine Streifen schneiden.

2 Makkaroni nach Packungsanweisung in Salzwasser sehr bissfest garen, in ein Sieb abgießen und abtropfen lassen. Backofen auf 220 Grad vorheizen.

3 Butter in einer Pfanne erhitzen und die Schinkenstreifen darin bei mittlerer Hitze ca. 5 Minuten unter Rühren anschwitzen. Tomaten und abgetropfte Nudeln zugeben und 2 Minuten mitbraten.

4 Nudeln in eine Auflaufform füllen. Sahne mit Crème fraîche verrühren, mit Salz und Pfeffer

würzen und über die Nudeln gießen. Mit Paniermehl und Käse bestreuen und im Ofen bei 220 Grad ca. 10 Minuten goldbraun überbacken.

VARIANTE

Wenig Zeit und trotzdem Lust auf überbackene Pasta mit Tomatensoße? Einfach 400 g Pasta in Salzwasser nach Packungsanweisung bissfest kochen, abgießen und kurz abtropfen lassen. Pasta in eine eingefettete Auflaufform geben, 2 Gläser Tomatensoße (Fertigprodukt) zufügen, mit getrocknetem Thymian und Oregano würzen, gut vermengen und mit 100 g geriebenem Mozzarella bestreuen. Im auf 200 Grad vorgeheizten Backofen ca. 15 Minuten überbacken.

Nudel-Pilz-Auflauf

Für 4 Personen:
100 g Nudeln
Salz
2 Schalotten
2 Knoblauchzehen
200 g Möhren
250 g Austernpilze
50 g roher Schinken
2 EL Öl
2 Fleischtomaten
½ Bd. Petersilie
½ Bd. Basilikum
Pfeffer aus der Mühle
Fett für die Form
250 ml Milch
2 Eier
30 g Parmesan

Zubereitungszeit:
30 Min.
Backzeit:
30 Min.

Nährwerte pro Person:
310 kcal, 1297 kJ,
16 g EW, 15 g F, 24 g KH

1 Nudeln in reichlich gesalzenem Wasser halb gar kochen. Anschließend abgießen und in einem Sieb abtropfen lassen. Den Backofen auf 200 Grad vorheizen.

2 Schalotten, Knoblauch und Möhren schälen. Austernpilze mit einem Küchenpapier trocken abreiben. Dann alles zusammen mit dem Schinken in kleine Würfel schneiden.

3 Öl in einer beschichteten Pfanne erhitzen und alle in Würfel geschnittenen Zutaten darin anschwitzen. Nudeln unterheben und dann das Ganze beiseitestellen.

4 Tomaten blanchieren und häuten. Dann halbieren, entkernen und in Würfel schneiden. Petersilie und Basilikum waschen, trocken schütteln und die Blättchen hacken.

5 Kräuter mit den Tomatenwürfeln vermengen. Dann unter die Nudelmischung geben. Salzen und pfeffern. Eine Auflaufform fetten und die Nudelmischung einfüllen.

6 Milch und Eier gründlich verquirlen. Mit Salz und Pfeffer würzen und den Auflauf damit begießen. Parmesan reiben und über den Auflauf streuen.

7 Nudel-Pilz-Auflauf auf die mittlere Schiene im Backofen stellen. Ca. 30 Minuten goldbraun backen. Danach heiß servieren.

BEILAGE

Dazu schmeckt eine Tomatensoße sehr gut. Außerdem passt als Getränk ein feiner Gewürztraminer; er hat ein aromatisches Bukett und einen herb-würzigen Fruchtgeschmack.

Spinatlasagne mit Hühnchen und Zucchini

1 Spinat nach Packungsanweisung auftauen lassen. Die Zucchini waschen, putzen und in Scheiben schneiden. Reichlich gesalzenes Wasser zum Kochen bringen und Zucchinischeiben darin ca. 4 Minuten blanchieren. Danach eiskalt abschrecken und gut abtropfen lassen.

2 Backofen auf 190 Grad vorheizen. Gekochtes Hühnerfleisch in dünne Scheiben schneiden. Die Pinienkerne in einer Pfanne ohne Fettzugabe rösten; dabei häufig schwenken, da die Kerne sonst rasch anbrennen können.

3 Für die Soße Sojadrink mit Butter und Mehl in eine mittelgroße Pfanne geben. Unter ständigem Rühren zum Kochen bringen, bis die Soße eindickt. Mit Salz und Pfeffer sowie geriebener Muskatnuss würzen. Hitze reduzieren und 1 Minute lang köcheln lassen.

4 Eine ofenfeste Auflaufform leicht mit Fett ausstreichen. Ein Drittel der Spinatmischung auf den Boden der Form geben und mit 3 Lasagneblättern bedecken.

5 Ein weiteres Drittel der Spinatmasse sowie je die Hälfte von Zucchini, Pinienkernen und Hühnchen daraufgeben. Mit etwas Soße abdecken und die nächsten 3 Lasagneblätter darauf legen.

6 Den Vorgang wiederholen und dabei mit Lasagneblättern abschließen. Die restliche Soße darübergeben. Abschließend den geriebenen Parmesan über die Lasagne streuen.

7 Das Ganze in den heißen Backofen auf die mittlere Schiene schieben. 30–40 Minuten backen, bis die Lasagne gar und goldbraun ist. Anschließend heiß servieren.

Für 4 Personen:
500 g TK-Spinat
150 g Zucchini
Salz
350 g Hühnerfleisch, gekocht
25 g Pinienkerne
570 ml ungesüßter Sojadrink (z. B. von Alpro soya)
50 g Butter
50 g Mehl
Pfeffer
¼ TL Muskatnuss, frisch gerieben
Fett für die Form
9 Blätter Lasagne
25 g Parmesan, gerieben

Zubereitungszeit:
30 Min.
Backzeit:
40 Min.

Nährwerte pro Person:
465 kcal, 1946 kJ, 38 g EW, 20 g F, 32 g KH

Nudelauflauf mit Gemüse und Cranberrys

Für 4 Personen:
200 g gedrehte kurze
Nudeln (z. B. Fusilli)
Salz
4 Zucchini
2 große Tomaten
½ Bd. Thymian
100 g Schafskäse
80 g getrocknete
Cranberrys
Fett für die Form
100 g Frischkäse
100 ml Milch
2 Eier
Pfeffer
50 g Parmesan, gerieben

Zubereitungszeit:
30 Min.
Backzeit:
40 Min.

Nährwerte pro Person:
497 kcal, 2079 kJ,
22 g EW, 19 g F, 59 g KH

1 Backofen auf 200 Grad vorheizen. Die Nudeln nach Packungsanweisung in reichlich Salzwasser al dente kochen. Anschließend abgießen und gut abtropfen lassen.

2 Zucchini waschen, putzen und längs in Scheiben schneiden oder grob würfeln. Tomaten waschen, halbieren und aushöhlen.

3 Thymian abbrausen und trocken schütteln. Blättchen abzupfen. Den Schafskäse zerbröckeln und mit Thymian und Cranberrys vermengen. Die Tomatenhälften damit füllen.

4 Eine Auflaufform fetten. Tomaten hineinsetzen. Dazwischen Zucchini und Nudeln verteilen. Frisch-

käse mit Milch, Eiern, Salz und Pfeffer glatt rühren. Über die Zutaten in der Auflaufform gießen.

5 Den Auflauf mit geriebenem Parmesan bestreuen. In den heißen Backofen schieben und 30–40 Minuten backen. Vor dem Servieren kurz ausdampfen lassen.

VARIANTE

Die Tomaten lassen sich auch mit kräftig angebratenem Hackfleisch füllen. Auch darin sind die Cranberrys eine leckere fruchtige Komponente. Außerdem sollten dann je 1 gehackte Knoblauchzehe und Schalotte mit angebraten werden.

Lasagne mit Wurzelspinat und Gorgonzola-Walnuss-Soße

Für 4 Personen:
Für die Soße:
3 EL Butterschmalz
(z. B. von Butaris)
3 EL Mehl
100 g Schlagsahne
ca. 300 ml Milch
150 g Gorgonzola
50 g Walnüsse, gehackt
Salz
Pfeffer aus der Mühle
Muskatnuss, frisch
gerieben
½ EL Zitronensaft
Für den Spinat:
750 g Wurzelspinat
Salz
3 EL Butterschmalz
Pfeffer aus der Mühle
Muskatnuss, frisch
gerieben
Außerdem:
ca. 200 g Lasagneblätter
(ohne Vorkochen)
50 g Parmesan, frisch
gerieben

Zubereitungszeit:
45 Min.
Backzeit:
40 Min.

Nährwerte pro Person:
743 kcal, 3109 kJ,
26 g EW, 20 g 51, 46 g KH

1 Den Backofen auf 180 Grad vorheizen. Für die Soße Butterschmalz in einem Topf zerlassen und das Mehl darin anschwitzen. Sahne und 300 ml Milch unter Rühren zugießen. Soße 10 Minuten köcheln und dabei andicken lassen.

2 In der Zwischenzeit Spinat waschen und putzen. Spinat in reichlich Salzwasser in einem weiten Topf blanchieren, abgießen und abschrecken. Dann gut abtropfen lassen. Butterschmalz im Topf schmelzen und Spinat kurz darin wenden. Mit Salz, Pfeffer und Muskatnuss würzen.

3 Gorgonzola in Stücke schneiden und diese in der Soße schmelzen. Gehackte Walnüsse unterrühren. Mit Salz, Pfeffer, Muskatnuss und Zitronensaft würzen. Sollte die Soße zu dick sein, noch ein wenig Milch unterrühren.

4 Ein Drittel des Spinats auf den Boden einer Auflaufform geben. Ein Drittel der Gorgonzola-Walnuss-Soße darübergeben und mit der Hälfte der Lasagneblätter bedecken.

5 Den Vorgang wiederholen. Mit Spinat und Soße abschließen. Die Oberfläche mit Parmesan bestreuen. Lasagne im Ofen auf der zweiten Schiene von unten 40 Minuten backen.

VARIANTE

Sollten Sie keinen frischen Wurzelspinat bekommen, können Sie auch mit 400 g aufgetautem TK-Spinat arbeiten. Die Menge des Gorgonzola kann ohne Weiteres auch bis auf 250 g erhöht werden – dann wird die Lasagne noch würziger.

Macaroni & Cheese

Für 4 Personen:	2 EL Mehl	Zubereitungszeit:	Nährwerte pro Person:
600 g Makkaroni	**400 ml Milch**	**30 Min.**	**725 kcal, 3033 kJ,**
Salz, 100 g Speck	**100 g Sahne**	Backzeit:	**30 g EW, 44 g F, 52 g KH**
1 Zwiebel	**4 Stängel Petersilie**	**15 Min.**	
60 g Butter	**200 g Cheddar**		

1 Makkaroni in reichlich Salzwasser sehr bissfest kochen. Abgießen und etwas abtropfen lassen. Speck in Würfel schneiden. Zwiebel abziehen und hacken. Beides in heißer Butter anschwitzen. Den Backofen auf 200 Grad vorheizen.

2 Mehl über Speck und Zwiebel stäuben und untermischen. Kurz mit anschwitzen. Dann das Ganze mit Milch und Sahne aufgießen. Unter ständigem Rühren ca. 5 Minuten köcheln lassen.

3 Petersilie kalt waschen, trocken schütteln und ohne die groben Stielenden hacken. Die Makkaroni in eine Auflaufform füllen. Die gehackte Petersilie darüberstreuen und Sahnesoße darübergießen.

4 Cheddar über die Nudeln reiben. Dann das Ganze in den heißen Backofen schieben und auf der mittleren Schiene in ca. 15 Minuten goldbraun backen. Anschließend kurz ausdampfen lassen und dann heiß servieren.

Bayerische Krautfleckerl

Für 4 Personen:	70 g Butterschmalz	Zubereitungszeit:	Nährwerte pro Person:
300 g Mehl	**1 EL Zucker**	**40 Min.**	**466 kcal, 1950 kJ,**
3 Eier, Salz	**1 EL Essig**	Ruhezeit:	**13 g EW, 17 g F, 64 g KH**
Öl zum Bepinseln	**Pfeffer aus der Mühle**	**25 Min.**	
Mehl für die	**Paprikapulver edelsüß**	Backzeit:	
Arbeitsfläche	**150 g saure Sahne**	**30 Min.**	
500 g Weißkohl	**2 EL Milch**		
1 kleine Zwiebel	**2 EL Paniermehl**		

1 Mehl auf die Arbeitsfläche häufen und in die Mitte eine kleine Vertiefung drücken. 2 Eier und 3 EL Wasser in die Mitte geben, etwas Salz darüberstreuen und einen geschmeidigen, glatten Teig daraus kneten. Teig zu einer Kugel formen, mit etwas Öl bestreichen und abgedeckt ca. 25 Minuten ruhen lassen.

2 Den Teig auf der bemehlten Arbeitsfläche sehr dünn ausrollen und etwas trocknen lassen. Fleckerl von ca. 2 cm Seitenlänge schneiden. Die Fleckerl in sprudelnd kochendem Salzwasser ca. 5 Minuten weich kochen. Abgießen, abschrecken und abtropfen lassen.

3 Kohl waschen, vierteln, Strunk entfernen und den Kohl in mittelfeine Streifen hobeln oder schneiden. Zwiebel schälen und hacken.

4 In einer großen Pfanne Schmalz erhitzen und Zucker darin hellbraun schmelzen. Zwiebel kurz darin anrösten. Mit Essig ablöschen und Kohl zufügen. Salzen und pfeffern. Kohl zugedeckt 5 Minuten dünsten.

5 Fleckerl dazugeben und nochmals gut erhitzen. Mit Salz, Pfeffer und Paprikapulver bestreuen.

6 Saure Sahne, übriges Ei, Milch und Paniermehl verrühren. Fleckerl in eine Auflaufform geben und mit der Sahnemischung übergießen. Im auf 180 Grad vorgeheizten Ofen ca. 30 Minuten backen, bis die Sahne stockt.

7 Kurz ausdampfen lassen und dann noch heiß servieren.

Fischlasagne

Für 4 Personen:
600 g TK-Blattspinat
600 g Fischfilet (z. B.
vom Seelachs)
2 EL Zitronensaft
Salz
Pfeffer aus der Mühle
60 g Butter
80 g Mehl
1 l Milch
120 g Emmentaler,
gerieben
Muskatnuss,
frisch gerieben
2 Schalotten
12 Lasagneblätter (ohne
Vorkochen; ca. 200 g)

Zubereitungszeit:
40 Min.
Backzeit:
35 Min.

Nährwerte pro Person:
838 kcal, 3506 kJ,
57 g EW, 38 g F, 64 g KH

1 Spinat nach Packungsanweisung auftauen, dann in einem Sieb gut abtropfen lassen. Fischfilet bei Bedarf kurz kalt abspülen, trocken tupfen und in ca. 1 cm breite Streifen schneiden. Mit Zitronensaft beträufeln, mit Salz und Pfeffer würzen.

2 Für die Käsesoße 40 g Butter in einem Topf erhitzen. Das Mehl einrühren und kurz unter Rühren anschwitzen. Nach und nach die Milch einrühren. Soße unter Rühren aufkochen und bei schwacher Hitze ca. 5 Minuten sanft köcheln lassen.

3 Zwei Drittel vom Käse in die Soße geben und bei schwacher Hitze unter Rühren schmelzen lassen. Die Soße mit Salz, Pfeffer und Muskat abschmecken. Warm halten.

4 Schalotten schälen, fein würfeln und in restlicher heißer Butter unter Rühren glasig anschwitzen. Mit dem Spinat vermengen und mit Salz und Pfeffer würzen. Backofen auf 200 Grad vorheizen.

5 Den Boden einer ofenfesten Form mit 6–7 EL Käsesoße bedecken. Schichtweise 4 Lasagneblätter, den Fisch, ca. 6 EL Soße, 4 Nudelblätter, den Spinat und ca. 6 EL Soße einfüllen. Restliche Nudelblätter obenauf legen, mit der übrigen Soße bedecken.

6 Lasagne mit restlichem Käse bestreuen und im heißen Ofen ca. 35 Minuten goldgelb backen.

VARIANTE

Je nach Saison können auch frischer Spinat oder Mangold verwendet werden. Dann ca. die doppelte Menge verlesen, waschen und in einem Topf bei mittlerer Hitze tropfnass zusammenfallen lassen. Anschließend etwas ausdrücken, hacken und wie beschrieben weiterverwenden.

Bunter Nudelauflauf

Für 4 Personen:
300 g Nudeln (z.B. Penne)
Salz
300 g Putenbrustfilet
je 1 kleine rote, grüne
und gelbe Paprikaschote
200 g Krabben
4 EL Butterschmalz
6 EL Woksoße (z.B.
von Kikkoman)
bunter Pfeffer, grob
gemahlen
200 g Schmand
⅛ l Gemüsebrühe
1 TL Paprikapulver

3 TL Zucker
3 EL Fett für die Form
150 g Gouda, gerieben
Lauchringe zum
Garnieren

Zubereitungszeit:
25 Min.
Backzeit:
25 Min.

Nährwerte pro Person:
802 kcal, 3356 kJ,
49 g EW, 61 g F, 63 g KH

1 Nudeln nach Packungsanweisung in reichlich Salzwasser gar kochen.

2 Putenbrustfilet kalt waschen, trocken tupfen und in Streifen schneiden. Paprikaschoten putzen, waschen und in Würfel schneiden. Krabben waschen und mit Küchenpapier trocken tupfen.

3 EL Butterschmalz in einer ausreichend großen Pfanne erhitzen. Putenbrust rundum anbraten, dann mit 2 EL Woksoße und Pfeffer würzen. Putenfleisch herausnehmen und beiseitestellen.

4 Weitere 2 EL Butterschmalz in die Pfanne geben. Krabben und Paprikawürfel unter Rühren darin andünsten und mit 2 EL Woksoße abschmecken. Paprika und Krabben ebenfalls herausnehmen.

5 Verbliebenen Fond mit Schmand, Brühe, Salz, Pfeffer, Paprikapulver, Zucker und 2 EL Woksoße glatt rühren und kurz erhitzen. Backofen auf 180 Grad vorheizen. Auflaufform mit Fett ausstreichen.

6 Nudeln, Putenstreifen, Paprika und Krabben vermischen und in die Form geben. Soße darübergießen und alles mit Gouda bestreuen.

7 Nudelauflauf in den Ofen schieben und ca. 25 Minuten backen. Nach Wunsch mit Lauchringen garniert servieren.

Fusilli-Hackfleisch-Auflauf

1 Den Backofen auf 200 Grad vorheizen. Nudeln in reichlich Salzwasser sehr bissfest garen. Anschließend abgießen und etwas abtropfen lassen.

2 Knoblauchzehen und Schalotten abziehen, dann beides fein hacken. Paprikaschoten waschen, putzen, halbieren und entkernen. Die weißen Häute entfernen und das Fruchtfleisch in kleine Würfel schneiden. Möhre schälen und sehr fein reiben.

3 EL Olivenöl in einer Pfanne erhitzen. Schalotten- und Knoblauchwürfeln darin andünsten. Paprika und geriebene Möhre zugeben, mit andünsten und unter ständigem Rühren 3–5 Minuten im eigenen Saft schmoren.

4 Anschließend das Ganze aus der Pfanne nehmen. Restliches Öl erhitzen und Hackfleisch drin krümelig braten. Tomatenmark einrühren und mit Brühe aufgießen. Tomatenflocken untermischen und in der Brühe auflösen.

5 Die Hackfleischsoße zum Kochen bringen und bei mittlerer Hitze 5–10 Minuten kochen. In der Zwischenzeit Fleischtomaten waschen und ohne Stielansatz würfeln.

6 Geschmortes Gemüse und die Fleischtomaten einrühren, dann die Soße nochmals aufkochen. Mit Kräutern, Zucker, Salz und Pfeffer abschmecken. Nudeln unter die Soße mischen.

7 Mozzarella abtropfen lassen und fein würfeln. Die Hälfte des Käses unter die Nudeln mengen und in eine Auflaufform füllen. Den restlichen Mozzarella darüberstreuen und im Backofen ca. 20 Minuten überbacken.

TIPP

Nudeln richtig kochen: Pro 100 g Pasta 1 l Wasser mit ca. 1 EL Salz aufkochen. Pasta zugeben und kurz umrühren, damit die Nudeln nicht aneinanderkleben. Ohne Deckel al dente kochen.

Für 4 Personen:
400 g Fusilli
Salz
3 Knoblauchzehen
3 Schalotten
je 1 rote und grüne
Paprika
1 Möhre
4 EL Olivenöl
500 g Rinderhackfleisch
60 g Tomatenmark
200 ml Fleischbrühe
2 EL getrocknete
Tomatenflocken
4 Fleischtomaten
getrocknete italienische
Kräuter
1 TL Zucker
Pfeffer
100 g Mozzarella

Zubereitungszeit:
40 Min.
Backzeit:
20 Min.

Nährwerte pro Person:
776 kcal, 3247 kJ,
47 g EW, 30 g F, 78 g KH

Tomatenlasagne

Für 4 Personen:
1 Gemüsezwiebel
2 Knoblauchzehen
800 g Fleischtomaten
1 gelbe Paprikaschote
3 EL Pflanzencreme
Salz
schwarzer Pfeffer
200 ml Cremefine zum
Verfeinern
200 ml Gemüsebrühe
200 ml Milch
2–3 EL heller Soßen-
binder
4 EL gemischte Kräuter,
gehackt
2 EL Basilikum, gehackt
Muskatnuss, frisch
gerieben
9 Lasagneblätter
200 g Mozzarella

Zubereitungszeit:
40 Min.
Backzeit:
30 Min.

Nährwerte pro Person:
504 kcal, 2109 kJ,
22 g EW, 25 g F, 47 g KH

1 Zwiebel schälen und in Spalten schneiden. Knoblauch schälen und hacken. Die Tomaten waschen, putzen und in Scheiben schneiden. Paprika waschen, putzen und grob würfeln.

2 Pflanzencreme in einer Pfanne erhitzen. Zwiebel zugeben und ca. 10 Minuten dünsten. Knoblauch und Paprika dazugeben und nochmals ca. 5 Minuten dünsten. Tomaten untermischen und mit Salz sowie Pfeffer abschmecken.

3 Cremefine, Gemüsebrühe und Milch in einen Topf geben, erhitzen und mit Soßenbinder binden. Vom Herd nehmen, die gehackten Kräuter unterrühren und das Ganze mit Salz, Pfeffer sowie frisch geriebener Muskatnuss abschmecken.

4 Den Backofen auf 200 Grad vorheizen. Lasagneblätter, Kräutersoße und Gemüse abwechselnd in eine Auflaufform schichten, dabei mit Nudelplatten abschließen.

5 Mozzarella in Scheiben schneiden und Lasagne damit belegen. Das Ganze in den Ofen schieben und auf der zweiten Schiene von unten ca. 30 Minuten backen. Anschließend heiß servieren.

Makkaroni-Tomaten-Gratin mit Ziegenkäse

Für 4 Personen:
Salz
250 g Makkaroni
1 Knoblauchzehe
80 g Zwiebeln
500 g Tomaten
4 Stängel Kräuter (z. B. Basilikum, Thymian, Oregano, Petersilie)
20 g Butter
Pfeffer aus der Mühle
Butter für die Förmchen

50 g gereifter Ziegenkäse
100 g Ziegenfrischkäse

Zubereitungszeit:
30 Min.
Backzeit:
20 Min.

Nährwerte pro Person:
**408 kcal, 1707 kJ,
16 g EW, 16 g F, 48 g KH**

1 Den Backofen auf 200 Grad vorheizen. Reichlich Salzwasser aufkochen und Makkaroni darin bissfest garen. Anschließend abgießen und abtropfen lassen.

2 Knoblauch und Zwiebeln schälen, dann beides fein hacken. Tomaten mit kochend heißem Wasser überbrühen. Tomaten häuten und in kleine Würfel schneiden. Kräuter abbrausen, trocken schütteln und ohne grobe Stielenden hacken.

3 Butter in einer Pfanne zerlassen und den Knoblauch sowie die Zwiebeln darin glasig anschwitzen. Tomatenwürfel zugeben und 3 Minuten mitdünsten. Dann die Kräuter zugeben, mit Salz und frisch gemahlenem Peffer würzen. Gegarte Nudeln untermischen.

4 ofenfeste Portionsförmchen à ca. 300 ml Inhalt mit Butter ausfetten. Dann die Nudelmischung einfüllen. Den Ziegenkäse reiben und das Ganze damit bestreuen.

5 Ziegenfrischkäse in Scheiben schneiden und auf den Nudeln verteilen. Die Förmchen auf die mittlere Schiene in den heißen Backofen stellen und ca. 20 Minuten backen. Heiß servieren.

TIPP
Ziegenkäse ist für Menschen mit Laktoseintoleranz viel verträglicher als Käse aus Kuhmilch, da er weniger Fett und Milchzucker enthält.

Gefüllte Cannelloni mit Tomatensoße

Für 4 Personen:	1 große Dose stückige	Muskatnuss,	Zubereitungszeit:
600 g frischer Blattspinat	Tomaten (800 g)	frisch gerieben	40 Min.
Salz, 2 Zwiebeln	1 TL getrockneter	18 Cannelloni (ca. 120 g)	Backzeit:
1 Knoblauchzehe	Oregano	1 TL frische Thymian-	30 Min.
2 EL Öl	200 g Mozzarella	blättchen	
Pfeffer aus der Mühle	je 1 EL Basilikum und	2 EL Parmesan, gerieben	Nährwerte pro Person:
1 TL gekörnte	Petersilie, frisch gehackt		363 kcal, 1519 kJ,
Gemüsebrühe	200 g Magerquark		27 g EW, 20 g F, 18 g KH

1 Spinat waschen, putzen und in ein wenig kochendem Salzwasser ca. 3 Minuten zusammenfallen lassen. Abgießen, abschrecken, ausdrücken und hacken.

2 Zwiebeln und Knoblauch schälen und würfeln. 1 EL Öl in einem Topf erhitzen, die Hälfte der Zwiebelwürfel und Knoblauch darin bei mittlerer Hitze unter Rühren anschwitzen. Spinat zugeben, mit Salz, Pfeffer und gekörnter Gemüsebrühe würzen und bei mittlerer Hitze unter Rühren ca. 5 Minuten anbraten. Topf vom Herd nehmen und abkühlen lassen.

3 Restliche Zwiebel in 1 EL Öl anschwitzen, Tomaten samt Saft zufügen, mit Salz, Pfeffer, Oregano würzen und 10 Minuten köcheln.

4 Mozzarella würfeln. Gehackte Kräuter mit Quark und Mozzarella zum Spinat geben. Mit Salz, Pfeffer und Muskat würzen. In die Cannelloni füllen.

5 Hälfte der Soße in eine Auflaufform geben und Cannelloni darauflegen. Übrige Soße darübergießen, mit Thymian und Parmesan bestreuen. Im heißen Ofen bei 200 Grad ca. 30 Minuten backen.

Gratinierte Spätzle mit Zwiebeln

Für 4 Personen:	Mehl für das Brett	Zubereitungszeit:	Nährwerte pro Person:
200 g Mehl	1 TL Kümmelsamen	50 Min.	510 kcal, 2133 kJ,
Salz, 4 Eier	100 g Crème fraîche	Backzeit:	22 g EW, 27 g F, 44 g KH
500 g rote Zwiebeln	Fett für die Form	30 Min.	
3 EL Sonnenblumenöl	100 g Emmentaler,		
1 Bd. Petersilie	gerieben		

1 Mehl und 1 Prise Salz in eine Schüssel sieben. Eier verquirlen und dazugeben. Die Zutaten mit dem Schneebesen gut vermengen. Der Teig soll zähflüssig, aber glatt sein. Falls nötig, noch etwas Mehl oder Wasser zugeben. Teig 30 Minuten quellen lassen.

2 Inzwischen Zwiebeln schälen und in feine Streifen schneiden. Öl erhitzen und die Zwiebelstreifen darin bei mittlerer Hitze unter Rühren ca. 20 Minuten dünsten. Petersilie waschen, trocken schütteln, die Blättchen von den Stängeln zupfen und fein hacken.

3 Für die Spätzle in einem Topf reichlich Salzwasser zum Kochen bringen. Teig durchrühren und in

Stücke teilen. Die Teigstücke auf einem bemehlten Brett jeweils auf ca. ½ cm flach drücken. Teig in hauchdünnen Streifen portionsweise vom Brett in das siedende Wasser schaben.

4 Spätzle in 5–7 Minuten gar ziehen lassen, bis sie an die Oberfläche steigen. Mit einer Schaumkelle aus dem Topf nehmen und in einem Sieb abtropfen lassen. Backofen auf 200 Grad vorheizen.

5 Spätzle, Zwiebeln, Petersilie, Kümmel und Crème fraîche vermengen, salzen und in eine gefettete ofenfeste Form geben. Mit Käse bestreuen und im Ofen 30 Minuten backen.

Reisnudel-Spinat-Auflauf

Für 4 Personen:
250 g Reisnudeln
1 Zwiebel
1–2 Knoblauchzehen
500 g Blattspinat
1 Zitrone (unbehandelt)
60 g kalifornische
Walnüsse
1 EL Olivenöl
30 g Rosinen
Salz
Pfeffer
Zimt
240 g Kichererbsen
(Dose)
100 g Schafskäse
2 Eier
100 ml Milch
Fett für die Form
4 EL geriebener Käse
(z. B. Gouda)

Zubereitungszeit:
40 Min.
Backzeit:
30 Min.

Nährwerte pro Person:
637 kcal, 2665 kJ,
29 g EW, 29 g F, 64 g KH

1 Reisnudeln nach Packungsanweisung in Salzwasser kochen. Anschließend abgießen und gut abtropfen lassen.

2 Zwiebel und Knoblauch schälen und fein hacken. Blattspinat gründlich verlesen, waschen und gut abtropfen lassen. Zitrone heiß waschen, trocknen und die Schale abreiben. Walnüsse hacken.

3 Backofen auf 200 Grad vorheizen. In einem Topf Olivenöl erhitzen. Zwiebel und Knoblauch darin goldgelb braten. Walnüsse zugeben und kurz mit-rösten. Zitronenschale, Rosinen und Blattspinat zugeben.

4 Das Ganze bei geschlossenem Deckel solange kö-cheln lassen, bis der Spinat zusammenfällt. Mit Salz, Pfeffer und 1 Prise Zimt abschmecken. Dann von der Herdplatte nehmen.

5 Kichererbsen abtropfen lassen und Schafskäse zerbröckeln. Eier mit Milch verquirlen und mit etwas Salz und Pfeffer würzen. Reisnudeln, Spinat, Schafskäse und Kichererbsen in eine gefettete Auflaufform schichten.

6 Anschließend die Eiermilch darübergießen und mit geriebenem Käse bestreuen. In den heißen Back-ofen auf die mittlere Schiene schieben und in ca. 30 Minuten goldbraun backen.

VARIANTE
Wer auf Fleisch nicht verzichten möchte, kann zusätzlich noch 250 g angebratenes Rinderhack mit den übrigen Zutaten in die Auflaufform geben.

Fisch-Reis-Auflauf

Für 4 Personen:
250 g Trigranoreis
(Reismischung von
Oryza)
165 g Tomatenpaprika-
streifen (Glas)
1 kleine Dose gehackte
Tomaten
Salz
Pfeffer
Zucker
4 Rotbarschfilets (à 150 g)
Saft von ½ Zitrone
50 g Speck
30 g Butter
Paprikapulver
4 frische Tomaten
1 Zwiebel
2 EL Rapsöl
200 g Schlagsahne

Zubereitungszeit:
40 Min.
Backzeit:
20 Min.

Nährwerte pro Person:
785 kcal, 3285 kJ,
37 g EW, 45 g F, 56 g KH

1 Den Reis nach Packungsanweisung zubereiten, die Kochzeit jedoch auf 15 Minuten verkürzen. Tomaten-paprikastreifen abgießen und mit den gehackten Tomaten vermengen. Mit Salz, Pfeffer und ein wenig Zucker würzen.

2 Fischfilets unter fließendem kaltem Wasser waschen, trocken tupfen und mit Zitronensaft beträufeln. Von beiden Seiten salzen und pfeffern. Hautseite der Filets 3- bis 4-mal schräg einschneiden. Speck in hauchdünne Scheiben schneiden und in die Schlitze stecken.

3 Eine große Auflaufform mit etwas Butter einfetten und den Reis einfüllen. Die Tomaten-Paprika-Mischung darüber verteilen. Darauf nebeneinander die Fischfilets mit der Speckseite nach oben legen. Mit Paprikapulver bestäuben.

4 Frische Tomaten waschen, trocken tupfen und kreuzweise einschneiden. Salzen und zwischen die Fischfilets setzen. Restliche Butter in Flöckchen

darübergeben und im vorgeheizten Backofen bei 200 Grad ca. 20 Minuten garen.

5 Inzwischen die Zwiebel schälen und würfeln. Rapsöl in einer kleinen Pfanne erhitzen und die Zwiebelwürfel darin braun braten.

6 Sahne mit 1 Prise Salz und etwas Zucker steif schlagen. Auf den fertig gegarten Auflauf löffel-weise die Sahne setzen und darauf die heißen, knusprigen Zwiebelwürfel verteilen. Anschließend sofort servieren.

> **TIPP**
> Achten Sie beim Kauf des Fisches darauf, dass dieser frisch ist. Zu Hause sollte er am besten noch am selben Tag verarbeitet werden. Im Kühl-schrank lässt er sich 1 Tag lang aufbewahren. Dazu Fisch aus der Verpackung nehmen, abspü-len, trocken tupfen und auf einen Teller legen.

Reis-Kürbis-Gratin

Für 4 Personen:
600 g Kürbisfruchtfleisch
1 kleine Zwiebel
2 EL Butterschmalz
100 ml Gemüsebrühe
150 g Frischkäse
2 Eier
100 g Gouda
300 g Basmatireis, gegart
Salz
Pfeffer aus der Mühle

Zubereitungszeit:
30 Min.
Backzeit:
20 Min.

Nährwerte pro Person:
436 kcal, 1824 kJ,
19 g EW, 28 g F, 27 g KH

1 Den Backofen auf 200 Grad vorheizen. Das Kürbisfruchtfleisch waschen und grob raspeln. Die Zwiebel abziehen und in kleine Würfel schneiden.

2 Butterschmalz erhitzen und Kürbis mit Zwiebelwürfeln darin andünsten. Gemüsebrühe zugießen und das Ganze ca. 7 Minuten garen.

3 Gedünsteten Kürbis beiseitestellen und etwas abkühlen lassen. Dann den Frischkäse untermengen. Das Ei zusammen mit Gouda und gegartem Reis unterrühren. Mit Salz und frisch gemahlenem Pfeffer abschmecken.

4 Reis-Kürbis-Mischung auf 4 ofenfeste Formen verteilen. In den heißen Ofen schieben und ca. 20 Minuten backen. Gegebenenfalls mit Alufolie abdecken, damit die Gratins nicht zu dunkel werden.

5 Reis-Kürbis-Gratins aus dem Ofen nehmen und kurz ausdampfen lassen. Nach Wunsch auf Tellern anrichten und heiß servieren.

TIPP

Kürbisse gibt es nicht nur als ganze Früchte zu kaufen, sondern vielerorts bereits portioniert. Man sollte dabei darauf achten, dass das Fruchtfleisch und die Fasern möglichst nicht trocken sind. Das könnte nämlich ein Zeichen dafür sein, dass der Kürbis bzw. das Fruchtfleisch schon etwas länger angeschnitten liegt.

Reisauflauf
mit roten Linsen

Für 4 Personen:
150 g Vollkornreis
Salz
½ l Gemüsebrühe
200 g rote Linsen
2 Schalotten
2 gelbe Paprikaschoten
1 EL Olivenöl
1 Knoblauchzehe
2 Eier
2 EL Petersilie,
frisch gehackt
100 g Sahne
schwarzer Pfeffer
Fett für die Form
1 EL Pinienkerne
Petersilienblättchen
zum Garnieren

Zubereitungszeit:
35 Min.
Backzeit:
40 Min.

Nährwerte pro Person:
485 kcal, 2035 kJ,
22 g EW, 18 g F, 58 g KH

4 Backofen auf 200 Grad vorheizen. Die Linsen samt Gemüsebrühe pürieren. Die Eier verquirlen und zusammen mit dem Reis, der Paprika-Zwiebel-Mischung, der Petersilie, der Sahne und dem Linsenpüree verrühren. Mit Salz und schwarzem Pfeffer kräftig würzen.

5 Eine ofenfeste Form ausfetten. Die Reismasse einfüllen, die Oberfläche glattstreichen und die Pinienkerne darüberstreuen. Den Reisauflauf mit roten Linsen auf der mittleren Schiene im heißen Ofen 30–40 Minuten garen. Mit Petersilienblättchen garniert servieren.

1 Den Reis in einen Topf geben. Mit der doppelten Menge Salzwasser aufkochen, dann bei schwacher Hitze ca. 20 Minuten quellen lassen. Danach bei Bedarf in ein Sieb abgießen und abtropfen lassen.

2 Gemüsebrühe in einem Topf erhitzen und die Linsen darin bei mittlerer Hitze ca. 5 Minuten garen. Die Schalotten schälen und fein hacken. Paprikaschoten halbieren, putzen, waschen und in kleine Würfel schneiden.

3 Öl in einer Pfanne erhitzen. Die Schalotten darin unter Rühren glasig dünsten. Den Knoblauch schälen und dazupressen. Paprikawürfel zufügen und alles bei schwacher Hitze ca. 5 Minuten dünsten. Pfanne vom Herd nehmen.

BEILAGE

Dazu passt ein Chili-Paprika-Dip: 1 Chilischote längs halbieren, unter fließendem Wasser entkernen und fein schneiden. 1 Knoblauchzehe schälen und fein hacken. ¼ rote Paprikaschote putzen, waschen und in feine Würfel schneiden. 200 g saure Sahne mit dem Saft von ½ Zitrone und ½ Bd. Dill, gehackt, vermengen. Chili, Knoblauch und Paprika unterrühren. 200 g geschlagene Sahne unterheben, mit Salz abschmecken. Den Reisauflauf auf Teller verteilen und jeweils mit einem Klecks Chili-Paprika-Dip servieren.

Griechischer Reisauflauf

Für 4 Personen:
2 Kochbeutel
Langkornreis (à 125 g,
z. B. von reis-fit)
2 große Auberginen
2 große Zucchini
2 rote Paprika
Salz
Öl für das Blech
Pfeffer aus der Mühle
5 EL Olivenöl
1 große Zwiebel
2 Knoblauchzehen
250 g gemischtes Hack-
fleisch
125 g Feta
2 Eier
250 g Crème fraîche
200 ml Milch
25 g Parmesan, gerieben
½ TL getrockneter
Thymian
½ TL getrockneter
Majoran
Fett für die Form
25 g Butter
2 Zweige frischer
Thymian

Zubereitungszeit:
40 Min.
Backzeit:
30 Min.

Nährwerte pro Person:
**1039 kcal, 4347 kJ,
35 g EW, 67 g F, 62 g KH**

1 Den Reis nach Packungsanweisung garen. Auberginen, Zucchini und Paprika putzen und waschen. Auberginen in ca. 1 cm dicke Scheiben schneiden, salzen und ca. 10 Minuten Wasser ziehen lassen. Backofengrill vorheizen.

2 Zucchini in Scheiben und Paprika in kleine Stücke schneiden. Auberginen trocken tupfen und das ganze vorbereitete Gemüse auf ein mit Öl bestrichenes Backblech geben. Salzen, pfeffern und mit einer Mischung aus 3 EL Olivenöl und 4 EL Wasser beträufeln.

3 Das Backblech unter den heißen Grillrost schieben und das Gemüse ca. 8 Minuten grillen, danach wenden und erneut ca. 8 Minuten bräunlich grillen.

4 Zwiebel und Knoblauch schälen und in kleine Würfel schneiden. Restliches Olivenöl in einer Pfanne erhitzen und beides darin unter Rühren glasig dünsten. Das Hackfleisch hinzufügen und unter Rühren krümelig braten.

5 Hackfleischmischung mit Salz und frisch gemahlenem Pfeffer würzen und mit 100 ml Wasser ablöschen. Feta in feine Scheiben schneiden. Backofen auf 210 Grad vorheizen.

6 Für die Soße Eier, Crème fraîche und Milch verquirlen. Parmesan unterrühren, mit Thymian, Majoran, Salz und Pfeffer würzen.

7 Eine Auflaufform ausfetten. Zuerst den Reis einfüllen, darauf das Hackfleisch und dann das Gemüse mit dem Feta einschichten. Die Soße darübergießen, mit der Butter in Flöckchen bestreuen und das Ganze im heißen Ofen ca. 30 Minuten backen.

8 Thymianzweige waschen, trocken schütteln und die Blättchen abzupfen. Auflauf aus dem Ofen nehmen, auf Teller verteilen und mit Thymianblättchen garniert servieren.

VARIANTE
Eine orientalische Note erhält der Auflauf, wenn man die Soße statt mit Kräutern mit ½ TL Zimtpulver, 2 EL Korinthen und 1 EL Pinienkernen würzt.

Reisauflauf mit Dörrpflaumen und Speck

Für 4 Personen:
**250 g Trigranoreis
(Reismischung von
Oryza)
Salz
250 g Dörrpflaumen
ohne Stein
Saft einer Zitrone
150 g dünne
Speckscheiben
150 g Gouda
35 g Butter
2 EL Paniermehl
1 Kästchen Gartenkresse**

Zubereitungszeit:
25 Min.
Backzeit:
20 Min.

Nährwerte pro Person:
**797 kcal, 3335 kJ,
18 g EW, 45 g F, 78 g KH**

1 Den Reis nach Packungsanweisung in Salzwasser zubereiten, die Kochzeit jedoch auf 15 Minuten verkürzen.

2 Dörrpflaumen halbieren, mit 250 ml Wasser und Zitronensaft in einem Topf ca. 10 Minuten weich kochen. Speck in 2–3 cm große Stücke schneiden, Gouda raspeln.

3 Eine Auflaufform mit etwas Butter einfetten und mit Paniermehl ausstreuen. Nun abwechselnd Reis, Speck und Pflaumen mit dem Sud einschichten. Den geraspelten Käse darüberstreuen, restliche

Butter in Flöckchen daraufgeben und im vorgeheizten Backofen bei 200 Grad ca. 20 Minuten überbacken.

4 Vor dem Servieren Kresse mit einer Schere abschneiden und über den Auflauf streuen. Den Reisauflauf heiß servieren.

BEILAGE
Servieren Sie dazu einen frischen Blattsalat.

Würziger Reisauflauf mit Garnelen

Für 4 Personen:	400 ml Kokosmilch
400 g Basmatireis	**500 g küchenfertige**
1 TL Cayennepfeffer	**große Garnelen**
1 TL Kurkumapulver	**3 – 4 EL Butter**
1 TL gemahlener	**1 Döschen Safranfäden**
Kreuzkümmel	
1 TL Korianderpulver	Zubereitungszeit:
1 EL Zitronensaft	**35 Min.**
Salz	Backzeit:
1 Zwiebel	**30 Min.**
3 Knoblauchzehen	
1 kleines Stück Ingwer	Nährwerte pro Person:
(ca. 2 cm)	**690 kcal, 2887 kJ,**
3 EL Erdnussöl	**34 g EW, 21 g F, 90 g KH**

1 Reis nach Packungsanweisung garen. Cayennepfeffer, Kurkuma, Kreuzkümmel, Koriander, Zitronensaft, etwas Salz und 3 – 4 EL Wasser zu einer Paste verrühren.

2 Zwiebel, Knoblauch und Ingwer schälen und fein hacken. Öl in einer Pfanne erhitzen und Zwiebel, Ingwer sowie Knoblauch darin unter Rühren goldbraun braten.

3 Zwiebelmischung mit Kokosmilch ablöschen. Die Gewürzpaste dazugeben und alles aufkochen lassen. Zugedeckt bei schwacher Hitze 3 – 4 Minuten köcheln. Die Garnelen hineingeben und nur ein paar Sekunden ziehen lassen.

4 Auf dem Boden einer kleinen Auflaufform 1 – 2 EL Butter in Flöckchen verteilen und die Hälfte vom

Basmatireis daraufgeben. Garnelen mit ca. der Hälfte der Soße darauf verteilen und mit dem restlichen Reis auffüllen. Backofen auf 180 Grad vorheizen.

5 Auflauf mit der restlichen Soße beträufeln und mit den Safranfäden bestreuen. Mit restlicher Butter in Flöckchen belegen und im heißen Ofen in ca. 30 Minuten goldgelb überbacken.

> **TIPP**
> Safran besteht aus den getrockneten Blütennarben einer Krokusart und ist eines der teuersten Gewürze. Er schmeckt süßlich bis scharf und färbt Speisen schon in kleinen Mengen intensiv gelb.

Couscous-Brokkoli-Auflauf

Für 4 Personen:
250 g Couscous
400 g Brokkoli
Salz
1 Chilischote
1 Stängel Minze
2 EL Rosinen
1 TL Kreuzkümmel

150 g Crème fraîche
6 EL Sonnen-
blumenkerne
100 g Schafskäse

Zubereitungszeit:
30 Min.
Backzeit:
10 Min.

Nährwerte pro Person:
355 kcal, 1488 kJ,
11 g EW, 26 g F, 19 g KH

1 Couscous nach Packungsanweisung in Wasser oder Brühe garen.

2 Brokkoli putzen, waschen und in Röschen teilen, Stiele in Stifte schneiden. Brokkolistifte und -röschen 5 Minuten in Salzwasser blanchieren. Chilischote waschen, halbieren, von Kernen befreien und klein schneiden.

3 Minze mit kaltem Wasser abbraussen, trocken tupfen und hacken. Mit Couscous, Chili, Kreuzküm-

mel, Crème fraîche, 3 EL Sonnenblumenkernen und Salz vermischen. Dann nochmals mit Gewürzen abschmecken.

4 Blanchierten Brokkoli und Couscousmischung in eine feuerfeste Form schichten. Zum Schluss den Schafskäse darüberbröseln und mit den restlichen Sonnenblumenkernen bestreuen.

5 Auflauf im auf 200 Grad vorgeheizten Ofen ca. 10 Minuten überbacken. Danach heiß servieren.

Reisauflauf mit Spinat

Für 4 Personen:
250 g Rundkornreis
Salz
500 g TK-Spinat
1 Zwiebel
1 Knoblauchzehe
50 g Pinienkerne
2 Eier

Cayennepfeffer
100 g Käse, gerieben
Butter für die Form
2 EL Butter, kalt

Zubereitungszeit:
35 Min.
Backzeit:
30 Min.

Nährwerte pro Person:
535 kcal, 2238 kJ,
22 g EW, 26 g F, 52 g KH

1 Reis mit der doppelten Menge Salzwasser aufkochen. Anschließend bei schwacher Hitze ca. 15 Minuten bissfest garen. Dann bei Bedarf in ein Sieb abgießen und abtropfen lassen.

2 Spinat nach Packungsanweisung auftauen. Zwiebel und Knoblauch schälen und fein hacken. Pinienkerne hacken. Eier trennen.

3 Spinat mit einer Gabel zerpflücken. Mit Zwiebel, Knoblauch, Eigelb und Reis vermengen. Mit Salz

und Cayennepfeffer würzen. Eiweiß mit 1 Prise Salz steif schlagen und unter die Reismischung heben.

4 Backofen auf 200 Grad vorheizen. Pinienkerne und Käse unter die Reismischung mengen. Eine Auflaufform mit etwas Butter ausfetten und die Reismischung einfüllen.

5 Auflauf mit der kalten Butter in Flöckchen belegen und das Ganze im heißen Ofen ca. 30 Minuten backen, bis die Oberfläche leicht gebräunt ist.

AUFLÄUFE & GRATINS MIT FISCH & MEERES-FRÜCHTEN

Seelachsgratin *(Abb. S. 61)*

Für 4 Personen:	4 Seelachsfilets	Zubereitungszeit:	Nährwerte pro Person:
4 mittelgroße Kartoffeln	(à ca. 150 g)	40 Min.	321 kcal, 1341 kJ,
Salz, 500 g Brokkoli	Zitronensaft	Backzeit:	27 g EW, 15 g F, 19 g KH
1 Zwiebel	50 g Parmesan, Pecorino	20 Min.	
1 EL Olivenöl	oder Manchego		
1 Prise Currypulver	⅛ l Milch		

1 Kartoffeln schälen, waschen, trocken tupfen und auf dem Gemüsehobel in feine Scheiben schneiden. Leicht salzen. Die Kartoffeln zugedeckt in ca. 5 Minuten nicht ganz weich kochen.

2 Inzwischen Brokkoli putzen, waschen und in kleine Röschen teilen. Stiele schälen und klein schneiden. Zwiebel schälen und in kleine Würfel schneiden.

3 Zwiebel in Öl goldbraun braten. Brokkoli dazugeben, mit Salz und Curry würzen und das Ganze bei schwacher Hitze unter Rühren ca. 5 Minuten dünsten. Evtl. 1–2 EL Wasser zugeben.

4 Backofen auf 225 Grad vorheizen. Fischfilets bei Bedarf kalt abspülen, trocken tupfen, mit Zitronensaft säuern und salzen.

5 Kartoffelscheiben auf dem Boden einer großen Gratinform oder 4 kleinen Formen auslegen. Brokkolimischung darauf verteilen, die Fischfilets daraufsetzen. Käse reiben und darüberstreuen. Mit Milch oder Sahne begießen.

6 Das Gericht im heißen Ofen auf der mittleren Schiene 15–20 Minuten gratinieren, bis sich eine schöne Kruste gebildet hat.

Gemüsegratin mit Tintenfisch

Für 4 Personen:	Pfeffer aus der Mühle	Zubereitungszeit:
600 g Auberginen	500 g Tomaten	35 Min.
500 g Zucchini	3 Stängel Basilikum	Backzeit:
Olivenöl	1 TL getrocknete	30 Min.
4 Knoblauchzehen	Kräutermischung	
500 g küchenfertige	100 g Appenzeller	Nährwerte pro Person:
Tintenfische	5 EL Paniermehl	422 kcal, 1766 kJ,
Salz		33 g EW, 21 g F, 25 g KH

1 Auberginen und Zucchini putzen, waschen und in Scheiben schneiden. In einer Pfanne 4 EL Olivenöl erhitzen und die Auberginenscheiben darin portionsweise auf beiden Seiten goldbraun braten, dann in eine Schüssel geben. Knoblauch schälen und dazupressen. Zucchini in 2 EL heißem Öl rundum anbraten und zu den Auberginenscheiben geben.

2 Tintenfische kalt abspülen, trocken tupfen und klein schneiden. In 1 EL heißem Öl ca. 5 Minuten braten. Salzen und pfeffern. Tomaten kreuzweise einritzen, überbrühen, kurz ziehen lassen und häuten. Fruchtfleisch entkernen und ohne Stielansätze

grob hacken. Basilikum waschen, trocken tupfen, Blätter hacken.

3 Backofen auf 220 Grad vorheizen. Auberginen-Zucchini-Mischung mit Tomaten, Kräutern und Basilikumblättchen vermengen. Eine ofenfeste Form mit Olivenöl ausstreichen.

4 Gemüse und Tintenfisch abwechselnd in die Form schichten. Käse reiben und mit dem Paniermehl vermengen. Die Mischung auf dem Gratin verteilen und im heißen Ofen 25–30 Minuten überbacken. Heiß servieren.

Kartoffel-Fisch-Auflauf mit Pinienkernen

Für 4 Personen:
600 g Kabeljaufilets
1 TL weißer Balsamico-Essig
1 Stange Lauch
1 EL Sonnenblumenöl
400 g Kartoffeln, gegart
100 ml Gemüsebrühe
300 g Kräuter-Crème-fraîche
2 Eier
½ Bd. Thymian
100 g geriebener Mozzarella
Salz
Pfeffer
50 g Pinienkerne
Thymian zum Garnieren

Zubereitungszeit:
40 Min.
Backzeit:
20 Min.

Nährwerte pro Person:
620 kcal, 2594 kJ,
42 g EW, 41 g F, 19 g KH

1 Den Ofen auf 180 Grad vorheizen. Die Kabeljaufilets kalt abbrausen, trocken tupfen und in Würfel schneiden. Mit dem Essig vermengen. Lauchstange der Länge nach halbieren und gründlich waschen. Dann in halbe Ringe schneiden.

2 Öl in einer Pfanne erhitzen und Lauch darin andünsten. Fischwürfel zugeben und kurz mitdünsten. Kartoffeln in kleine Stücke brechen und unter den Fisch mengen.

3 Gemüsebrühe mit der Crème fraîche und den Eiern vermengen. Thymian waschen, trocken schütteln und die Blättchen abzupfen. Thymian unter die Crème fraîche rühren. ⅔ des Mozzarella untermengen und mit Salz sowie Pfeffer würzen.

4 Crème fraîche unter die Kartoffel-Fisch-Mischung mengen. Dann das Ganze auf 4 kleine Auflaufförmchen verteilen. Mit dem restlichen Mozzarella bestreuen.

5 Pinienkerne in einer Pfanne ohne Fett rösten. Auf den Aufläufen verteilen. Die Kartoffel-Fisch-Aufläufe in den heißen Ofen schieben und ca. 20 Minuten gratinieren. Mit Thymian garniert servieren.

Kabeljauauflauf mit Lauch

Für 4 Personen:
Für das Püree:
4 große mehligkochende Kartoffeln
4 EL Alpro soya Cuisine
1 TL Pflanzenmargarine
Pfeffer
1 Prise Muskatnuss, frisch gerieben
Für den Fisch:
500 g große Stücke Kabeljaufilet, gehäutet und entgrätet
2 Stangen Lauch
1 EL Olivenöl
225 g Baby-Spinatblätter
Salz
Pfeffer
250 ml Alpro soya Cuisine

Zubereitungszeit:
35 Min.
Backzeit:
30 Min.

Nährwerte pro Person:
412 kcal, 1724 kJ,
41 g EW, 12 g F, 32 g KH

1 Für das Püree zunächst Kartoffeln schälen und in Stücke schneiden. In ausreichend Wasser weich kochen. Danach abgießen und mit Alpro soya Cuisine, Margarine, Pfeffer und Muskatnuss zu einem Brei verarbeiten.

2 In der Zwischenzeit Kabeljau in mundgerechte Stücke teilen. Dann in eine mittelgroße feuerfeste Form geben. Außen einen Rand lassen. Backofen auf 200 Grad vorheizen.

3 Lauch putzen und waschen. Stangen raspeln. In einem Topf Olivenöl erhitzen und Lauch darin 10 Minuten bei mittlerer Hitze schwitzen lassen, sodass er braun, aber nicht weich wird.

4 Spinat putzen, waschen und trocken tupfen. Dann zum Lauch gegen und ca. 2 Minuten garen. Das Gemüse gut mit Salz und Pfeffer würzen.

5 Die Hälfte des Gemüses um den Fisch drapieren. Die andere Hälfte mit Alpro soya Cuisine zu einer cremigen Soße pürieren und diese um den Fisch herum gießen.

6 Das Kartoffelpüree mit einem Löffel auf den Fisch geben und mit einem flachen Schneidemesser über dem Kabeljau ausstreichen.

7 Den Auflauf in den heißen Ofen schieben und ca. 30 Minuten backen, bis die Kartoffeln golden sind und die Soße in den Ecken der Schüssel blubbert.

TIPP
Kabeljau gehört zur Familie der Dorsche. Bei uns wird er frisch besonders gerne gegessen. Aber auch getrocknet und gesalzen wird er geschätzt, vor allem im südlichen Europa.

Räucherfischauflauf

Für 4 Personen:	150 g Crème fraîche	4 Stängel Petersilie	Zubereitungszeit:
250 g mehligkochende	100 g Sahne	2 EL Kapern	35 Min.
Kartoffeln	2 Eigelbe	Paniermehl zum	Backzeit:
400 g geräucherte	Salz	Bestreuen	20 Min.
Forellenfilets	Pfeffer		
½ rote Paprikaschote	50 ml Milch, heiß		Nährwerte pro Person:
2 kleine Zwiebeln	Muskatnuss, frisch		429 kcal, 1795 kJ,
Butter für die Form	gerieben		28 g EW, 27 g F, 19 g KH

1 Kartoffeln schälen, waschen und in ca. 25 Minuten gar kochen.

2 In der Zwischenzeit Forellenfilets mundgerecht zerteilen. Paprika putzen, waschen und würfeln. Zwiebeln abziehen und hacken. Eine Auflaufform buttern.

3 Backofen auf 200 Grad vorheizen. Crème fraîche mit Sahne und Eigelben glatt rühren, salzen und pfeffern. Paprika- und Zwiebelwürfel zusammen mit den Fischstücken in die Auflaufform geben und die Crème-fraîche-Mischung darüber verteilen.

4 Kartoffeln abgießen und zerstampfen. Milch unterrühren und das Ganze mit Salz, Pfeffer, Muskatnuss würzen. Petersilie waschen, trocken schütteln und unterrühren.

5 Kapern über die Fischmischung streuen und das Ganze mit dem Kartoffelpüree bedecken. Dann den Auflauf mit Paniermehl bestreuen und im Ofen ca. 20 Minuten backen. Heiß servieren.

TIPP

Kapern sind die Blütenknospen des Echten Kapernstrauches. Sie werden heute im gesamten Mittelmeerraum angebaut, stammen ursprünglich aber aus Kleinasien.

Hokiauflauf

Für 4 Personen:
600 g TK-Hokifilet
400 g TK-Blattspinat
2 Knoblauchzehen
1 Zwiebel
50 g Butter
Salz
Pfeffer
600 g Kartoffeln
200 g Sahne
100 g mittelalter Gouda

Zubereitungszeit:
30 Min.
Backzeit:
45 Min.

Nährwerte pro Person:
596 kcal, 2494 kJ,
39 g EW, 37 g F, 26 g KH

1 Hokifilets und Spinat auftauen lassen. Knoblauch sowie Zwiebeln schälen und würfeln. Die Hälfte der Butter in einer Pfanne erhitzen. Knoblauch und Zwiebeln darin glasig dünsten.

2 Spinat zufügen und bei geringer Hitze in der Butter andünsten. Kräftig mit Salz und Pfeffer abschmecken.

3 Backofen auf 190 Grad vorheizen. Kartoffeln waschen, schälen und in feine Scheiben hobeln. Hokifilets waschen und mit Küchenpapier abtupfen. Mit Salz und Pfeffer würzen.

4 Eine flache Auflaufform mit der restlichen Butter einfetten. Zuerst die Hälfte der Kartoffelscheiben in die Auflaufform schichten, salzen und pfeffern.

5 Fischfilets auf die Kartoffelscheiben geben und anschließend den Spinat darauf verteilen. Die restlichen Kartoffelscheiben daraufschichten und mit Sahne übergießen.

6 Den Hokiauflauf in den heißen Backofen schieben und 20 Minuten backen. In der Zwischenzeit Käse reiben. Auflauf nach den 20 Minuten damit bestreuen und weitere 20–25 Minuten backen.

TIPP

Hoki wird überwiegend im pazifischen Raum gefangen, weshalb er bei uns fast ausschließlich als TK-Ware erhältlich ist. Er zählt zur Familie der Dorsche und ist mit dem Seehecht verwandt.

Feiner Seelachsauflauf

Für 4 Personen:
8 Seelachsfilets
(à ca. 100 g, eckig)
Fett für die Form
1 kleine Zwiebel
20 g Butter
20 g Mehl
200 ml Gemüsebrühe
125 ml Weißwein
Salz
Pfeffer
Muskatnuss
1 kleine Dose Mais
300 g kleine Champignons
50 g Bacon in feinen Streifen
125 g Mozzarella, gewürfelt
2 EL Sahne
3 EL Schmelzkäse
Kräuter zum Garnieren

Zubereitungszeit:
30 Min.
Backzeit:
25 Min.

Nährwerte pro Person:
452 kcal, 1891 kJ,
58 g EW, 17 g F, 10 g KH

1 Den Backofen auf 180 Grad vorheizen. Die Fischfilets kalt abbrausen und trocken tupfen. Eine eckige Auflaufform gut fetten. Form mit 4 Fischfilets auslegen.

2 Zwiebel abziehen, halbieren und in feine Würfel schneiden. 2 EL Butter in einer Pfanne erhitzen und Zwiebel darin andünsten. Mehl einstäuben, einrühren und leicht abbrennen. Anschließend schluckweise unter ständigem Rühren mit je der Hälfte Gemüsebrühe und Weißwein aufgießen, bis ein zäher, klumpenfreier Brei entstanden ist.

3 Die restliche Flüssigkeit auf einmal unter den Brei rühren. Soße einmal aufkochen, nach Belieben mit Salz, Pfeffer und Muskatnuss würzen. Mais gut abtropfen lassen und zur Soße geben.

4 Champignons mit Küchenpapier trocken abreiben, je nach Größe vierteln oder halbieren und in die Soße geben. Soße ca. 3 Minuten leise simmern lassen.

5 Die Baconstreifen in eine Pfanne geben und ohne Fettzugabe leicht rösten. Mit Mozzarellawürfeln, Sahne und Schmelzkäse unter die Soße rühren.

6 Die Hälfte der Soße über die Fischfilets geben, die übrigen Seelachsfilets darauflegen und mit der restlichen Soße bedecken. Auflauf in den Ofen schieben und auf der mittleren Schiene ca. 25 Minuten garen.

7 Anschließend den Auflauf mit Kräutern garnieren und heiß servieren.

Norddeutscher Fischauflauf

Für 4 Personen:
300 g Kartoffeln
3 Zwiebeln
3 säuerliche Äpfel
750 g Seelachs
2 EL Butter
400 g Sauerkraut
(z. B. von Mildessa)
Fett für die Form
1 Bd. Schnittlauch
4 Eier
300 g Crème fraîche
4 cl Kümmelschnaps
Salz
Pfeffer
Muskatnuss

Zubereitungszeit:
35 Min.
Backzeit:
20 Min.

Nährwerte pro Person:
677 kcal, 2833 kJ,
48 g EW, 40 g F, 26 g KH

1 Kartoffeln in reichlich Wasser garen. Sie sollten noch nicht ganz weich sein. Die Zwiebeln schälen und in dünne Scheiben schneiden. Äpfel schälen, entkernen und in feine Streifen schneiden.

2 Backofen auf 200 Grad vorheizen. Fisch kalt abbrausen, trocken tupfen und in mundgerechte Stücke schneiden. Butter in einer Pfanne erhitzen und Zwiebeln darin andünsten.

3 Sauerkraut in einem Küchensieb abtropfen lassen und anschließend mit den Apfelstreifen vermischen. Kartoffeln schälen und in Scheiben schneiden.

4 Eine feuerfeste Form ausfetten. Dann schichtweise Kartoffelscheiben, Sauerkraut, Zwiebelscheiben und die Fischstücke hineingeben.

5 Schnittlauch abbrausen und in feine Röllchen schneiden. Eier, Crème fraîche und Kümmelschnaps kräftig verrühren. Mit Salz, Pfeffer und Muskatnuss würzen und den Schnittlauch unterheben.

6 Soße über den Auflauf gießen und in den Ofen schieben. Ca. 20 Minuten goldbraun backen. Heiß servieren.

TIPP
Damit die angeschnittenen Äpfel nicht braun werden, einfach mit etwas Zitronensaft beträufeln.

Kabeljaugratin

Für 4 Personen:
600 g Kabeljaufilet
1 EL Zitronensaft
800 g Kartoffeln
Salz
100 ml Fischbrühe
250 g Mascarpone
2 Eier
2 EL Speisestärke
1 Prise gemahlener
Kümmel
Pfeffer
Butter für die Form

Zubereitungszeit:
35 Min.
Garzeit:
30 Min.

Nährwerte pro Person:
535 kcal, 2238 kJ,
41 g EW, 25 g F, 35 g KH

1 Den Backofen auf 180 Grad vorheizen. Kabeljau-filets kalt abbrausen, trocken tupfen und in Würfel schneiden. In eine Schale geben und mit Zitronen-saft mischen.

2 Kartoffeln waschen, schälen und in grobe Würfel schneiden. Dann in reichlich Salzwasser ca. 10 Minu-ten garen. Anschließend die Kartoffeln abgießen und abtropfen lassen.

3 $\frac{1}{3}$ der Kartoffeln in eine Rührschüssel geben und zerstampfen. Die Fischbrühe erhitzen und unter die zerstampften Kartoffeln mengen.

4 Mascarpone mit Eiern und Speisestärke glatt rüh-ren und unter die zerstampften Kartoffeln mengen. Mit Kümmel und Pfeffer würzen.

5 Die Kartoffeln mit den Kabeljauwürfeln vermengen. Eine Auflaufform mit Butter ausstreichen. Die Ka-beljau-Kartoffel-Masse einfüllen und in den heißen Backofen schieben.

6 Das Ganze ca. 30 Minuten garen, bis die Oberfläche goldgelb ist. Dann heiß servieren.

TIPP

Der Kabeljau ist ein länglicher, bräunlich ge-fleckter Fisch mit weißem Bauch. Er hat delikates, festes und blättriges weißes Fleisch. Das Fleisch liefert das wichtige Vitamin B$_2$ Niacin.

Zanderfilets mit Estragon-Parmesan-Haube

Für 4 Personen:
4 Zanderfilets (à ca. 150 g)
2 EL Zitronensaft
Salz
Pfeffer aus der Mühle
1 Bd. Estragon
1 Scheibe Vollkorntoast
1 Knoblauchzehe

2 EL Parmesan, gerieben
1 Eigelb
4 EL Olivenöl

Zubereitungszeit:
25 Min.
Backzeit:
20 Min.

Nährwerte pro Person:
170 kcal, 711 kJ,
17 g EW, 9 g F, 4 g KH

1 Backofen auf 200 Grad vorheizen. Fischfilets bei Bedarf kurz kalt abspülen, trocken tupfen und mit Zitronensaft beträufeln. Salzen und pfeffern.

2 Estragon waschen, trocken schütteln, Blättchen abzupfen und hacken. Toastbrot fein zerkrümeln. Knoblauch schälen und durchpressen. Estragon, Toastkrümel, Parmesan, Eigelb, Knoblauch und Olivenöl vermengen. Das Ganze mit Salz und Pfeffer würzen.

3 Fischfilets in eine Auflaufform geben und mit der Estragonmischung bestreichen. Die Fischfilets im heißen Ofen ca. 20 Minuten gratinieren.

Garnelenauflauf

Für 4 Personen:
1 kg frisches Gemüse
(z. B. Lauch, Erbsen,
Möhren, Blumenkohl)
1 l Gemüsebrühe
125 g Nordseekrabben
8 Riesengarnelen mit
Schale

Saft von ½ Zitrone
Fett für die Form
1 Bd. Petersilie
200 g Sahne
2 Eier
Salz
Pfeffer
250 g Mozzarella

Zubereitungszeit:
40 Min.
Backzeit:
45 Min.

Nährwerte pro Person:
588 kcal, 2460 kJ,
34 g EW, 36 g F, 31 g KH

1 Backofen auf 200 Grad vorheizen. Gemüse waschen, putzen und nach Belieben klein schneiden. Alles in der heißen Gemüsebrühe kurz blanchieren.

2 Nordseekrabben und Riesengarnelen abbrausen und mit Zitronensaft beträufeln. Riesengarnelen halbieren. Eine Auflaufform fetten und mit Gemüse sowie Meeresfrüchten füllen.

3 Petersilie waschen, trocken schütteln und hacken. Sahne mit Eiern, Salz, Pfeffer und Petersilie glatt rühren. Anschließend die Sahne über das Gemüse geben. Den Garnelenauflauf in den Ofen schieben und auf der mittleren Schiene ca. 40 Minuten backen, bis die Eier-Sahne-Masse stockt.

4 Mozzarella in Scheiben schneiden und den Auflauf kurz nach Ende der Garzeit damit belegen. Das Ganze nochmals für 5 Minuten in den Backofen geben, bis der Käse zerläuft. Danach herausnehmen und kurz ausdampfen lassen. Nach Wunsch auf 4 Tellern anrichten und heiß servieren.

Fischauflauf mit Filoteighaube

Für 4 Personen:
400 g Fischfilet (z. B. Seelachs, Kabeljau)
400 g Tomaten
300 g Zucchini
160 g junge Spinatblätter
250 g Schafskäse
4 EL Petersilie, gehackt

150 g Crème fraîche
2 Eiweiß
Salz
Pfeffer
4 Knoblauchzehen
6 EL Olivenöl
4 ovale Filoteigblätter (300 g)

Zubereitungszeit:
40 Min.
Backzeit:
35 Min.

Nährwerte pro Person:
849 kcal, 3552 kJ,
42 g EW, 64 g F, 28 g KH

1 Das Fischfilet abbrausen und trocken tupfen, dann in Würfel schneiden. Tomaten in heißem Wasser blanchieren. Danach halbieren, entkernen und klein würfeln. Zucchini waschen, putzen und klein würfeln, mit den Tomaten mischen.

2 Spinat kalt waschen, putzen, verlesen und trocken schleudern. Schafskäse zerbröckeln und mit Petersilie, Crème fraîche und Eiweiß verrühren. Die Mischung mit Salz und Pfeffer würzen. Knoblauch schälen und dazupressen.

3 Backofen auf 180 Grad vorheizen. Eine eckige Auflaufform mit 2 EL Öl ausfetten. 2 Filoteigblätter auf Formgröße zusammenfalten und in die Form legen. Fisch, Gemüse und Käsemasse abwechselnd einschichten.

4 Übrige Teigblätter zusammenfalten und auf die Zutaten des Auflaufs legen. Gut andrücken und mit restlichem Öl bestreichen. Den Auflauf auf die unterste Schiene des Ofens stellen. In ca. 35 Minuten goldbraun backen.

TIPP
Filo ist griechischer Blätterteig. Im Türkischen wird er übrigens Yufka genannt.

Kartoffelauflauf mit Krabben

1 Kartoffeln waschen und in reichlich Wasser in ca. 20 Minuten gar kochen. Anschließend abgießen und kurz ausdampfen lassen.

2 Backofen auf 200 Grad vorheizen. Kartoffeln schälen und auf der groben Seite einer Küchenreibe raspeln oder durch eine Kartoffelpresse drücken.

3 Erbsen und Krabben zur Kartoffelmasse geben. Nach und nach unter Rühren die Eigelbe und die saure Sahne untermischen. Mit Salz, Pfeffer und Dill würzig abschmecken.

4 Eiweiß zu steifem Schnee schlagen und locker unter die Kartoffelmasse heben. In eine gefettete Auflaufform von 18 cm Durchmesser füllen.

5 Den Auflauf auf die mittlere Schiene des heißen Ofens stellen. In 25–30 Minuten goldbraun backen. Heiß servieren.

BEILAGE

Reichen Sie zu diesem feinen Auflauf einen Gurkensalat. Als Getränk empfiehlt sich eine sommerliche Holunderblütenschorle. Dafür den Saft von ½ Zitrone mit etwas Holunderblütensirup in ein hohes Glas geben und mit gekühltem Mineralwasser auffüllen.

Für 4 Personen:
600 g Kartoffeln, in der Schale gekocht
150 g TK-Erbsen
200 g Krabben, gepult
3 Eigelbe
100 g saure Sahne
Salz
weißer Pfeffer
1 EL Dill, gehackt
3 Eiweiß
Fett für die Form

Zubereitungszeit:
30 Min.
Garzeit:
30 Min.

Nährwerte pro Person:
275 kcal, 1151 kJ,
20 g EW, 10 g F, 27 g KH

Fischauflauf mit Gemüse

Für 4 Personen:
800 g Fischfilet (Kabel-
jau oder Seelachs)
1 EL Zitronensaft
4 EL Butter
1 EL Mehl
Pfeffer
200 g Knollensellerie
2–3 Möhren
2 Zwiebeln
½ Bd. Schnittlauch
100 ml Gemüsebrühe
Salz

Zubereitungszeit:
30 Min.
Baclzeit:
20 Min.

Nährwerte pro Person:
268 kcal, 1121 kJ,
37 g EW, 10 g F, 6 g KH

1 Den Backofen auf 180 Grad vorheizen. Fischfilet abbrausen und trocken tupfen. In Streifen schneiden und mit Zitronensaft beträufeln. Nochmals leicht mit einem Küchentuch trocken tupfen.

2 3 EL Butter in einer Pfanne erhitzen. Das Fischfilet mit Mehl bestäuben und die Stücke in der heißen Butter von beiden Seiten kurz anbraten. Leicht pfeffern.

3 Sellerie und Möhren waschen, schälen und in Stifte schneiden. Zwiebeln schälen, halbieren und in Streifen schneiden. Schnittlauch abbrausen und trocken schütteln, dann in Ringe schneiden.

4 Sellerie, Zwiebeln und Schnittlauch vermengen. Übrige Butter in der Pfanne erhitzen. Das Gemüse unter Rühren darin andünsten. Mit Gemüsebrühe ablöschen und 3–5 Minuten dünsten. Anschließend mit Salz und Pfeffer würzen.

5 Die Fischstücke auf 4 kleine Auflaufformen verteilen. Mit dem Gemüse bedecken. In den heißen Ofen schieben und ca. 20 Minuten backen. Heiß servieren.

VARIANTE
Wenn Sie das Gemüse zusätzlich mit etwas Sahne ablöschen und dem Auflauf noch ein paar Kleckse aufsetzen, wird er reichhaltiger und noch feiner im Geschmack.

Gratinierte Sardinenröllchen

Für 4 Personen:
5 Tomaten
12 große küchenfertige
Sardinen
abgeriebene Schale
und Saft von 1 Zitrone
(unbehandelt)
Salz
Pfeffer aus der Mühle
1 Fenchelknolle
1 Zwiebel
4 EL Olivenöl
1 Knoblauchzehe
1 kleine getrocknete
rote Chilischote
2 EL Basilikum,
frisch gehackt
1 EL Petersilie,
frisch gehackt
6 EL Paniermehl
Öl für die Form
2 EL Pinienkerne
Olivenöl zum Beträufeln

Zubereitungszeit:
40 Min.
Backzeit:
10 Min.

Nährwerte pro Person:
479 kcal, 2004 kJ,
46 g EW, 23 g F, 22 g KH

1 Tomaten kreuzweise einritzen, einige Sekunden überbrühen, kurz ziehen lassen und häuten. Die Tomaten vierteln, entkernen und ohne Stielansätze fein hacken.

2 Die Sardinen waschen, trocken tupfen und in je 2 Filets teilen. Auf eine Platte legen, mit Zitronenschale bestreuen und den Zitronensaft darüberträufeln. Mit Salz und Pfeffer würzen.

3 Fenchel putzen, waschen, halbieren und ohne Strunk klein würfeln. Fenchelgrün hacken und beiseitestellen. Zwiebel schälen und fein hacken. Im heißen Olivenöl glasig anschwitzen, den Knoblauch schälen und dazupressen.

4 Fenchel zur Zwiebelmischung geben und noch 1 Minute dünsten, sodass er etwas weich wird. Den Pfanneninhalt in eine Schüssel geben und abkühlen lassen.

5 Chilischote fein hacken oder im Mörser zerstoßen und mit Tomaten, Basilikum, Petersilie und Paniermehl zur Zwiebelmischung geben. Alles gut durchmischen. Einen kleinen Teil der Mischung

auf dem Boden einer passenden geölten Auflaufform verteilen.

6 Auf jeden Fisch einen Teil der Gemüsemischung geben und die Filets zusammenrollen. In die Form setzen und mit der übrigen Gemüsemischung, den Pinienkernen und dem Fenchelgrün bestreuen.

7 Auflauf mit etwas Olivenöl beträufeln und im vorgeheizten Backofen bei 220 Grad in 8–10 Minuten goldbraun backen. Sofort servieren.

BEILAGE

Dazu schmeckt frisches Baguette und ein gut gekühlter Weißwein. Wer mag, kann auch Gnocchi oder Bandnudeln dazu reichen – diese am besten vor dem Servieren mit ein paar frischen Salbeiblättern in etwas heißer Butter schwenken.

Thunfischauflauf

1 Die Nudeln nach Packungsanweisung in Salzwasser bissfest kochen. Dann abgießen.

2 Paprikaschoten waschen, halbieren, putzen und würfeln. Zwiebeln und Knoblauch abziehen und dann beides hacken.

3 Zwiebeln und Knoblauch in Butter andünsten. Paprikamark einrühren und kurz mitdünsten. Mit den Pizzatomaten aufgießen, salzen und pfeffern. 5 Minuten leise köcheln.

4 Sahne und Schmand unter den Tomatensud rühren. Mit Paprikapulver abschmecken. Nudeln mit den Paprikawürfeln sowie der Hälfte der Soße und des Käses mischen. In eine Auflaufform geben.

5 Backofen auf 180 Grad vorheizen. Basilikum waschen, trocken schütteln und Hälfte der Blätt-chen in feine Streifen schneiden, dann diese auf den Auflauf streuen.

6 Thunfisch abtropfen lassen, grob zerpflücken und über dem Basilikum verteilen. Restliche Soße über den Thunfisch gießen und übrigen Käse darüber-streuen. Auflauf im Ofen ca. 30 Minuten goldbraun backen. Mit übrigem Basilikum bestreuen und dann heiß servieren.

TIPP

Dosentomaten eignen sich besonders gut für Aufläufe. Sie wurden vollreif verarbeitet und haben ein intensives Aroma.

Für 4 Personen:
250 g Penne
Salz
2 rote Paprikaschoten
2 Zwiebeln
1 Knoblauchzehe
1 EL Butter
4 EL Paprikamark
400 g Pizzatomaten
(Dose)
Pfeffer
200 g Sahne
100 g Schmand
Paprikapulver
200 g Gouda, frisch
gerieben
4 Stängel Basilikum
400 g Thunfisch im
eigenen Saft (Dose)

Zubereitungszeit:
30 Min.
Backzeit:
30 Min.

Nährwerte pro Person:
722 kcal, 3021 kJ,
37 g EW, 52 g F, 26 g KH

Matjesgratin

Für 4 Personen:
3 kleine Äpfel
Saft von ½ Zitrone
4 mittelgroße Kartoffeln
1 Zwiebel
3 EL Butter
250 g geräuchertes
Matjesfilet

200 g Sahne
Pfeffer
1 EL Paniermehl

Zubereitungszeit:
35 Min.
Backzeit:
40 Min.

Nährwerte pro Person:
343 kcal, 1435 kJ,
26 g EW, 77 g F, 19 g KH

1 Backofen auf 180 Grad vorheizen. Äpfel waschen, schälen, entkernen und in Scheiben schneiden. Äpfel mit Zitronensaft beträufeln. Kartoffeln und Zwiebel schälen und in hauchdünne Scheiben bzw. Ringe schneiden. Zwiebel in 1 EL Butter glasig dünsten. Matjesfilet abtropfen lassen.

2 Gratinform mit 1 EL Butter ausstreichen. Hälfte der Kartoffeln, die Zwiebel, Äpfel und Matjes einschichten. Mit restlichen Kartoffeln bedecken.

3 Sahne mit reichlich Pfeffer verrühren und über das Gratin gießen. Paniermehl und die restliche Butter in Flöckchen darauf verteilen.

4 Matjesgratin zugedeckt im heißen Backofen auf der mittleren Schiene ca. 30 Minuten garen. Dann offen goldbraun überbacken.

5 Danach herausnehmen, ausdampfen lassen und heiß servieren.

Fisch-Lauch-Gratin mit Blauschimmelkäse

Für 4 Personen:
400 g Lauch
1 Zwiebel
2 Knoblauchzehen
4 Tomaten
800 g Zanderfilet
Salz
110 g Butter

100 ml trockener
Weißwein
250 g Sahne
250 ml Milch
weißer Pfeffer
Saft von 1 Zitrone
200 g Weichkäse mit
Blauschimmel

Zubereitungszeit:
45 Min.
Backzeit:
35 Min.

Nährwerte pro Person:
853 kcal, 3569 kJ,
25 g EW, 57 g F, 26 g KH

1 Backofen auf 180 Grad vorheizen. Lauch putzen, der Länge nach halbieren und gründlich waschen. Dann in ca. 2 cm breite Stücke schneiden. Zwiebel und Knoblauch schälen und fein würfeln.

2 Tomaten waschen, Stielansätze entfernen und in Scheiben schneiden. Zander abbrausen und trocken tupfen, dann in ca. 5 cm große Würfel schneiden.

3 Lauch in kochendem Salzwasser ca. 30 Sekunden blanchieren. Abschrecken und abtropfen lassen.

4 Zwiebel und Knoblauch in 80 g Butter anschwitzen. Mit Wein ablöschen und kurz aufkochen lassen. Sahne und Milch dazugeben und unter Rühren ebenfalls aufkochen. Mit Salz, Pfeffer und Zitronensaft abschmecken. Käse in Würfel schneiden und zur Sahnemilch geben.

5 Eine Auflaufform mit der übrigen Butter fetten. Abwechselnd mit Lauch, Fisch und Tomatenscheiben auslegen. Mit der Käse-Sahne-Soße begießen und im Ofen 35 Minuten hellbraun backen.

Gratinierte Jakobsmuscheln

Für 4 Personen:
32 Jakobsmuscheln
mit Schale
grobes Meersalz
4 Möhren
4 Stangen Sellerie
8 kleine Zucchini
60 g Butter
Salz
Pfeffer aus der Mühle
4 Msp. Safran, ge-
mahlen
800 g Sahne
8 cl Noilly Prat
8 Eigelb

5 Stängel Petersilie
8 EL Sahne, ge-
schlagen
8 EL Weißbrot,
frisch gerieben
einige Blättchen
Basilikum zum
Garnieren

Zubereitungszeit:
40 Min.

Nährwerte pro Person:
891 kcal, 3687 kJ,
24 g EW, 78 g F, 18 g KH

1 Muscheln unter fließendem Wasser mit einer Bürste reinigen. Mit einem kurzen kräftigen Messer am Schalenrand entlangfahren und dabei den Schließmuskel durchtrennen. Deckel abheben, Fleisch rundherum lösen, Magensack und grauen Rand entfernen und weißes Muskelfleisch (Nüsschen) vom orangeroten Rogen (Corail) trennen.

2 Fleisch, Rogen und Schalen gründlich waschen und trocken tupfen. Nuss in Scheiben schneiden. Schalen in eine mit reichlich grobem Meersalz ausgelegte ofenfeste Form legen.

3 Möhren schälen, Sellerie sowie Zucchini waschen und putzen; alles in kleine Würfel schneiden. 20 g Butter in einer Pfanne erhitzen und leicht aufschäumen lassen. Gemüse darin anschwitzen und mit Salz, Pfeffer und Safran würzen. Mit Sahne und Noilly Prat aufgießen und bei starker Hitze sämig einkochen. Dann vom Herd nehmen, Eigelb unterziehen und etwas abkühlen lassen.

4 In der Zwischenzeit Petersilie waschen, trocken schütteln und Blätter abzupfen. Fein hacken. Zusammen mit der geschlagenen Sahne unter die Gemüse-Sahne-Mischung heben. Den Grill des Backofens vorheizen. 30 g Butter in einer Pfanne zerlassen und Nuss und Corail darin 2 Minuten durchschwenken.

5 Die Hälfte der Gemüsemischung auf die Muschelschalen verteilen. Muschelfleisch darauf anrichten und mit restlichem Gemüse bedecken. Mit dem geriebenen Weißbrot bestreuen und die restliche Butter in Flöckchen daraufsetzen. Unter dem Grill wenige Minuten gratinieren und mit frischem Basilikum garniert servieren.

TIPP

Wer den Rogen nicht mag, kann ihn auch weglassen.

Gratinierte Austern

Für 4 Personen:
24 Austern
600 ml Champagner
bzw. Sekt
6 EL Crème double
4 EL Pastis
4 EL kalte Butter
2 EL Paniermehl

Zubereitungszeit:
40 Min.

Nährwerte pro Person:
191 kcal, 799 kJ,
10 g EW, 8 g F, 8 g KH

1 Austern vorsichtig mit einem kurzen kräftigen Messer oder einem Austernmesser öffnen. Das Fleisch der Austern aus den Schalen lösen, flache Schalenhälften wegwerfen, tiefe Hälften gründlich mit Wasser ausspülen und trocken tupfen. Das Austernwasser hieraus in einem Glas auffangen.

2 Backofen auf 200 Grad vorheizen und Austernschalen auf ein Backblech geben. Im Ofen ein wenig erwärmen.

3 In der Zwischenzeit Austernwasser durch ein Sieb in einen Topf gießen, mit der Hälfte des Champagners bzw. Sekts vermischen, zum Köcheln bringen und Austernfleisch hineingeben. Das Fleisch unter Rühren kurz erhitzen. Sie sollten sich fest, aber elastisch anfühlen.

4 Austern mit einem Schaumlöffel aus dem Topf heben und warm stellen. Die heiße Flüssigkeit im Topf mit Crème double glatt rühren und erhitzen. Das Ganze bei starker Hitze auf ⅓ reduzieren.

5 Pastis und restlichen Champagner bzw. Sekt hinzufügen. Flüssigkeit bei starker Hitze noch einmal reduzieren. Topf vom Herd nehmen und Soße mit einem Schneebesen sämig aufschlagen, dabei nach und nach Butterstücke hinzugeben und kräftig einrühren.

6 Austern auf vorgewärmte Schalen verteilen und gleichmäßig mit Soße begießen. Mit Paniermehl bestreuen und im Backofen bei maximaler Oberhitze wenige Minuten goldbraun gratinieren. Heiß servieren.

Fischgratin mit Safran und Krebsen

Für 4 Personen:
600 g Kabeljaufilet
Butter für die Form
Salz
Pfeffer aus der Mühle
1 rote Paprikaschote
100 g Lauch
200 g Crème fraîche

1 Msp. Safranfäden
200 g küchenfertige
Krebsschwänze oder
kleine Garnelen

Zubereitungszeit:
30 Min.
Backzeit:
25 Min.

Nährwerte pro Person:
332 kcal, 1389 kJ,
38 g EW, 17 g F, 6 g KH

1 Fisch bei Bedarf kurz kalt abspülen und trocken tupfen. Anschließend in eine gebutterte ofenfeste Form legen und mit Salz und Pfeffer würzen.

2 Paprika putzen, waschen, halbieren, von Kernen und weißen Innenhäuten befreien. Dann das Fruchtfleisch in kleine Stücke schneiden.

3 Lauch putzen, kalt gründlich waschen und in dünne Ringe schneiden. Dabei den dunkelgrünen Teil weglassen.

4 Backofen auf 225 Grad vorheizen. Paprikastücke und Lauchringe auf dem Fisch verteilen. Crème fraîche mit Safran verrühren und darübergeben.

5 Gratin in den heißen Ofen schieben und 15–20 Minuten backen.

6 Danach Krebse oder Garnelen am Rand des Gratins verteilen und das Ganze im heißen Ofen weitere 5 Minuten garen. Fischgratin kurz ausdampfen lassen und dann heiß servieren.

Lachsforellenauflauf

Für 4 Personen:	200 g Sahne	Zubereitungszeit:
300 g Spinat	125 g Crème double	40 Min.
Salz	Pfeffer	Backzeit:
6 Stangen weißer Spargel	Curry	70 Min.
Butter für die Form	1 EL Zitronensaft	
3 Lachsforellen (à ca.	6 Scheiben Emmentaler	Nährwerte pro Person:
300 g), filetiert	1 Bd. Schnittlauch	910 kcal, 3807 kJ,
1 Eiweiß	150 g Crème fraîche	62 g EW, 66 g F, 66 g KH

1 Spinat putzen und 30 Sekunden in siedendem Salzwasser blanchieren. Dann eiskalt abschrecken. Spargel schälen und in siedendem Salzwasser ca. 6 Minuten garen.

2 Eine längliche Auflaufform fetten, mit einigen Spinatblättern auskleiden. Fischfilets klein schneiden und mit Eiweiß im Mixer pürieren. Durch ein Sieb streichen und dann in eine gekühlte Schüssel geben. Kalte Sahne und Crème double gründlich verrühren und vorsichtig unter das Lachforellenpüree heben. Mit Pfeffer, Salz und Curry abschmecken.

3 Ofen auf 160 Grad vorheizen. Tropfenweise Zitronensaft unter das Fischpüree rühren. Hälfte der Fischcreme in die Form auf den Spinat füllen.

4 Die vorgegarten Spargelstagen zuerst in Käsescheiben, dann in die übrigen Spinatblätter einrollen und auf die Fischcreme legen. Das Ganze dann mit restlicher Lachsforellencreme bedecken und glatt streichen.

5 Die Fettpfanne aus dem Ofen mit heißem Wasser 2 cm hoch füllen. Die Auflaufform abgedeckt in die Fettpfanne stellen, in den Ofen schieben und ca. 1 Stunde garen.

6 Anschließend den Lachsforellenauflauf offen bei Oberhitze bräunen. Schnittlauch in Röllchen schneiden und mit Crème fraîche verrühren. Noch heißen Auflauf in Scheiben schneiden und mit der Schnittlauchcreme anrichten.

Rotbarschgratin mit Tomaten

Für 4 Personen:	250 g Mozzarella	Zubereitungszeit:	Nährwerte pro Person:
600 g Rotbarschfilet	Salz	25 Min.	473 kcal, 1979 kJ,
2 EL Zitronensaft	Pfeffer aus der Mühle	Backzeit:	42 g EW, 30 g F, 7 g KH
600 g Tomaten	4 EL Olivenöl	20 Min.	
1 Bd. Basilikum			

1 Fisch bei Bedarf kurz kalt abspülen, trocken tupfen und in mundgerechte Stücke schneiden. Mit Zitronensaft beträufeln. Backofen auf 220 Grad vorheizen.

2 Tomaten waschen und in dünne Scheiben schneiden. Basilikum waschen, trocken schütteln, Blättchen in dünne Streifen schneiden. Mozzarella abtropfen lassen und in dünne Scheiben schneiden.

3 Fischstücke und Tomatenscheiben in eine ofenfeste Form füllen und die Mozzarellascheiben darauf verteilen. Das Ganze salzen, pfeffern und mit Basilikum bestreuen. Mit Olivenöl beträufeln.

4 Gratin im heißen Ofen auf der mittleren Schiene ca. 20 Minuten backen, bis der Käse geschmolzen und leicht gebräunt ist.

AUFLÄUFE & GRATINS MIT FLEISCH & GEFLÜGEL

Hähnchengratin á la Provence *(Abb. S. 81)*

Für 4 Personen:	1 Bd. Frühlingszwiebeln	200 g Käseraspel (z. B.	Nährwerte pro Person:
1 Zitrone	200 g Cocktailtomaten	von Du darfst)	390 kcal, 1632 kJ,
4 kleine Hähnchen-	je 1 gelbe und grüne	Rosmarin zum Garnieren	46 g EW, 17 g F, 10 g KH
brustfilets	Paprikaschote		
Salz	2 Zweige Rosmarin	Zubereitungszeit:	
schwarzer Pfeffer aus	½ Bd. Thymian	30 Min.	
der Mühle	3 EL grober Senf	Backzeit:	
3 EL Olivenöl	100 ml Geflügelbrühe	30 Min.	

1 Zitrone auspressen und die Hähnchenbrustfilets mit dem Saft einreiben. Mit Salz und Pfeffer würzen. Olivenöl in einer Pfanne erhitzen und Filets darin ca. 2 Minuten rundherum anbraten.

2 Backofen auf 180 Grad vorheizen. Frühlingszwiebeln putzen, waschen und in ca. 2 cm lange Stücke schneiden. Cocktailtomaten waschen und halbieren. Paprikaschoten putzen, waschen und in Stücke schneiden.

3 Rosmarin abbrausen, trocken schütteln und die Nadeln von den Zweigen streifen. Thymian eben-falls abbrausen, trocken schütteln und die Blätt-chen abzupfen. Beides hacken und mit dem Senf verrühren.

4 Frühlingszwiebeln, Tomaten und Paprika in eine Auflaufform geben. Mit der Geflügelbrühe begie-ßen. Hähnchenbrustfilets mit dem Kräutersenf bestreichen und auf das Gemüse setzten.

5 Das Ganze mit Käseraspeln bestreuen und in den heißen Ofen schieben. Ca. 30 Minuten überbacken. Auflauf aus dem Ofen nehmen und nach Belieben mit Rosmarin garnieren.

Kürbis-Hackfleisch-Gratin

Für 4 Personen:	100 g Feta	Zubereitungszeit:
1 Zwiebel	Salz	25 Min.
4 Knoblauchzehen	Pfeffer	Backzeit:
300 g Kürbisfleisch	Paprikapulver edelsüß	10 Min.
200 g Zucchini		
50 ml Olivenöl		Nährwerte pro Person:
400 g gemischtes		98 kcal, 1665 kJ,
Hackfleisch		26 g EW, 29 g F, 9 g KH

1 Zwiebel und Knoblauch schälen. Zwiebel in Ringe schneiden und Knoblauch fein würfeln. Kürbis-fleisch würfeln. Zucchini putzen, waschen und in kleine Würfel schneiden.

2 Öl in einer Pfanne erhitzen und das Hackfleisch darin anbraten. Knoblauch, Zwiebel und Kürbis zugeben und ca. 5 Minuten unter Rühren dünsten. Anschließend die Zucchini und den gewürfelten Feta unterheben.

3 Den Backofen auf 180 Grad vorheizen. Die Hack-fleischmischung mit Salz, Pfeffer und Paprikapulver pikant würzen und anschließend in eine Auflauf-form geben.

4 Das Kürbis-Hackfleisch-Gratin in den heißen Back-ofen schieben und auf der mittleren Schiene in 8–10 Minuten knusprig backen. Auflauf heraus-nehmen, kurz ausdampfen lassen und dann noch heiß servieren.

Auflauf mit Mais, Hackfleisch und Paprika

Für 4 Personen:
1 Dose Mais (285 g)
2 Zwiebeln
2 Knoblauchzehen
1 rote Paprikaschote
1 rote Chilischote
2 EL Öl
400 g Rinderhackfleisch
3 EL Tomatenmark
je ½ TL gemahlener
Kreuzkümmel und
Korianderpulver
80 g schwarze Oliven,
entsteint
1 kleine Dose Kidney-
bohnen (200 g)
1 Dose Pizzatomaten
(400 g)
Salz
Fett für die Form
125 g Mozzarella

Zubereitungszeit:
45 Min.
Backzeit:
30 Min.

Nährwerte pro Person:
519 kcal, 2171 kJ,
34 g EW, 32 g F, 24 g KH

1 Mais in einem Sieb abtropfen lassen. Zwiebeln und Knoblauch schälen und hacken. Paprika putzen, vierteln, von Kernen und weißen Innenhäuten befreien, waschen und in kleine Würfel schneiden.

2 Chilischote längs aufschlitzen, unter fließendem Wasser entkernen und fein hacken. Öl in einer großen Pfanne erhitzen und Zwiebeln sowie Knoblauch darin unter Rühren glasig dünsten.

3 Hackfleisch zur Zwiebelmischung geben und unter Rühren krümelig braten. Tomatenmark, Kreuzkümmel und Koriander untermengen. Oliven in Ringe schneiden. Kidneybohnen abtropfen lassen. Backofen auf 200 Grad vorheizen.

4 Olivenringe, Paprikastücke, Chili, Mais, Bohnen und Pizzatomaten zum Hackfleisch geben und alles langsam aufkochen. Anschließend salzen und in eine gefettete Auflaufform geben.

5 Den Auflauf im heißen Ofen auf der mittleren Schiene ca. 20 Minuten backen.

6 Mozzarella abtropfen lassen und in kleine Würfel schneiden. Mozzarella gleichmäßig auf dem Auflauf verteilen und weitere 10 Minuten backen.

TIPP

Besonders lecker schmeckt der Auflauf, wenn man ihn portionsweise mit frisch gehackter Petersilie bestreut und mit einem Klecks saurer Sahne serviert.

Bratkartoffelauflauf mit Speck

1 Die Kartoffeln schälen, waschen und in Scheiben schneiden. Zwiebeln schälen und in Ringe schneiden. Den Bauchspeck fein würfeln.

2 Backofen auf 175 Grad vorheizen. Pflanzencreme in einer Pfanne erhitzen und Kartoffelscheiben darin bei mittlerer Hitze ca. 10 Minuten anbraten. Dabei mindestens einmal wenden.

3 Kartoffelscheiben, Bauchspeck und Zwiebelringe nacheinander in einen Bräter schichten. Den Vorgang zweimal wiederholen. Jede Schicht mit Salz, Pfeffer und Majoran würzen.

4 Den Bratkartoffelauflauf zugedeckt in den heißen Backofen schieben. Ca. 45 Minuten garen.

5 In der Zwischenzeit Cremefine, Eier und Mineralwasser mit einem Schneebesen verquirlen. Über den Kartoffelauflauf gießen. Den Kartoffelauflauf ohne Deckel weitere 30 Minuten garen.

BEILAGE

Reichen Sie zu diesem Auflauf einen Salat aus grünen Bohnen. Auch ein frischer Tomatensalat passt hervorragend dazu.

Für 6 Personen:
1,5 kg Kartoffeln
4 Zwiebeln
200 g magerer Bauchspeck
1 EL Pflanzencreme
Salz
Pfeffer
3 TL Majoran
200 g Cremefine zum Verfeinern
4 Eier
100 ml Mineralwasser

Zubereitungszeit:
30 Min.
Backzeit:
75 Min.

Nährwerte pro Person:
381 kcal, 1594 kJ,
15 g EW, 20 g F, 33 g KH

Weißkohlauflauf mit Hackfleisch

Für 4 Personen:
1 kg Weißkohl
Salz
2 Möhren
2 Zwiebeln
1 Knoblauchzehe
1 EL Öl
400 g gemischtes Hackfleisch
Pfeffer
Paprikapulver
100 ml Tomatenketchup
3–4 EL Paniermehl
100 g getrocknete Cranberrys

1 Bd. Petersilie
2 Eier
250 ml Milch
Fett für die Auflaufform
50 g geriebener Käse
(z. B. Gouda)

Zubereitungszeit:
45 Min.
Backzeit:
40 Min.

Nährwerte pro Person:
**597 kcal, 2498 kJ,
31 g EW, 33 g F, 46 g KH**

1 Den Weißkohl putzen und waschen. Einige Blätter ablösen und beiseitelegen, den Rest in Streifen schneiden. Kohl in Salzwasser 30 Minuten garen.

2 Die Möhren schälen und längs in dünne Scheiben schneiden. In Salzwasser ca. 10 Minuten kochen. Kohl und Möhren abgießen und gut abtropfen lassen.

3 Zwiebeln und Knoblauch schälen, beides fein würfeln. Öl erhitzen. Hackfleisch darin krümelig anbraten. Zwiebeln und Knoblauch zugeben. Mit Salz, Pfeffer und Paprikapulver würzen.

4 Ketchup, Paniermehl und Cranberrys unter das Fleisch rühren. Petersilie abbrausen, trocken schütteln und ohne grobe Stielenden hacken. Petersilie unter die Hackfleischmasse rühren.

5 Backofen auf 200 Grad vorheizen. Eier mit Milch verquirlen. Mit Salz und Pfeffer würzen. Die beseitegelegten Weißkohlblätter mit Möhrenscheiben belegen. Hackmasse darauf verteilen und aufrollen.

6 Eine Auflaufform fetten. Weißkohlstreifen hineingeben. Die Hackrollen quer halbieren und daraufsetzen. Dann mit der Eiermilch begießen. Mit geriebenem Käse bestreuen.

7 Weißkohlauflauf in den heißen Ofen schieben. 30–40 Minuten backen. Anschließend kurz ausdampfen lassen und heiß servieren.

Gratiniertes Geflügeltöpfchen

Für 4 Personen:
4 Tomaten
250 g Möhren
Salz
1 Zwiebel
8 Salbeiblättchen
400 g Hähnchenfilet
2 EL Öl
Pfeffer
100 ml Weißwein
500 ml Hühnerbrühe
2 geh. EL heller
Soßenbinder (z. B.
von Mondamin)
6 – 8 EL Parmesan,
gerieben

Zubereitungszeit:
30 Min.
Backzeit:
15 Min.

Nährwerte pro Person:
346 kcal, 1448 kJ,
30 g EW, 25 g F, 8 g KH

1 Den Backofen auf 180 Grad vorheizen. Tomaten waschen, vierteln und entkernen. Das Fruchtfleisch in grobe Stücke schneiden.

2 Möhren schälen und in feine Scheiben schneiden. Möhren 2 Minuten in kochendem Salzwasser blanchieren.

3 Zwiebel schälen und hacken. Salbei abbrausen und trocken tupfen. Fleisch waschen, trocken tupfen und in ca. 5 cm große Würfel schneiden.

4 Öl in einer Pfanne erhitzen. Fleisch und gehackte Zwiebel darin ca. 3 Minuten anbraten. Mit Salz und Pfeffer würzen. Das Fleisch mit Weißwein und Brühe ablöschen.

5 Den Weißwein-Brühe-Sud 2 Minuten bei starker Hitze kochen und dann den Soßenbinder einrühren. Nochmals 1 Minute kochen lassen und dann würzig abschmecken. Tomaten, Möhren sowie Salbei unter das Fleisch heben.

6 Die Geflügel-Gemüse-Mischung in 4 ofenfeste Portionspfännchen füllen. Anschließend mit je 1 EL Parmesan bestreuen. In den heißen Backofen schieben und auf der mittleren Schiene ca. 15 Minuten backen.

7 Restlichen Parmesan als kleine Häufchen auf Backpapier setzen. In den heißen Backofen schieben und goldgelb schmelzen lassen. Als Chips zu den gratinierten Geflügeltöpfchen servieren.

Mexikanischer Hähnchenauflauf

1 Kartoffeln schälen und in Salzwasser ca. 20 Minuten garen. Danach abgießen und in Scheiben schneiden.

2 Hähnchenbrüste abbrausen, trocken tupfen und zu kleinen Schnitzelchen schneiden. Mit Paprika bestäuben. In Öl von beiden Seiten scharf anbraten, dann herausnehmen und beiseitestellen.

3 Backofen auf 200 Grad vorheizen. Tomaten- und Paprikamark im übrigen Bratfett leicht anschwitzen. Mit den Pizzatomaten ablöschen, aufkochen und 100 ml Wasser zugeben. Chili hacken und zur Soße geben.

4 Hälfte der Jalapeños klein würfeln und unter die Soße mischen. Mit Paprika, Tabasco, Salz und Cayennepfeffer abschmecken.

5 Hähnchenstücke in die Soße legen. Sauerrahm und Ei verrühren. Mais abtropfen lassen und unter den Sauerrahm mischen. Mit Salz und Pfeffer würzen.

6 Eine Auflaufform fetten. Die Hälfte der Kartoffelscheiben hineinlegen, darauf die Hälfte der Maismischung verteilen und darüber die Hälfte des Hähnchens mit Soße geben. Vorgang in der gleichen Reihenfolge wiederholen.

7 Auflauf mit Käse bestreuen. Restliche Jalapeños in Ringe schneiden und Auflauf damit belegen. Im Backofen in ca. 35 Minuten goldbraun backen. Heiß servieren.

TIPP

Jalapeños sind mexikanische Paprikaschoten, die sich durch eine besondere Schärfe auszeichnen. Bei uns sind sie zumeist nur eingelegt erhältlich, frische Schoten findet man eher selten.

Für 4 Personen:
6 Kartoffeln
Salz
450 g Hähnchenbrust-filets
Paprikapulver edelsüß
2 EL Öl
3 EL Tomatenmark
3 EL Paprikamark
400 g Pizzatomaten (Dose)
1 frische rote Chilischote
150 g Jalapeños (Glas)
1 TL Tabasco
Cayennepfeffer
200 g Sauerrahm
1 Ei
200 g Mais (Dose)
Fett für die Form
100 g Gouda, gerieben

Zubereitungszeit:
40 Min.
Backzeit:
35 Min.

Nährwerte pro Person:
563 kcal, 2356 kJ,
38 g EW, 31 g F, 31 g KH

Blumenkohl-Würstchen-Auflauf

Für 6 Personen:
600 g Blumenkohl
Salz
300 g kleine Zucchini
3 Geflügelwiener (à ca.
100 g)
½ Bd. Petersilie
60 g Paniermehl

1 EL Öl
½ l Béchamelsoße
(Fertigprodukt)
1 EL Röstzwiebeln
Pfeffer aus der Mühle

Zubereitungszeit:
25 Min.
Backzeit:
15 Min.

Nährwerte pro Person:
329 kcal, 1377 kJ,
15 g EW, 21 g F, 19 g KH

1 Blumenkohl putzen, waschen und in kleine Röschen teilen. In reichlich Salzwasser ca. 5 Minuten blanchieren. Zucchini in Scheiben schneiden, zum Blumenkohl geben und weitere 2 Minuten kochen.

2 Gemüse in ein Sieb abgießen, abschrecken, abtropfen lassen. Würstchen in Scheiben schneiden. Petersilie waschen, trocken schütteln und hacken. Mit Paniermehl und Öl in der Küchenmaschine fein pürieren.

3 Béchamelsoße mit Röstzwiebeln verrühren, mit Salz und Pfeffer würzen. Einmal aufkochen. Die Hälfte der Béchamelsoße in eine Auflaufform geben, Gemüse und Würstchen darauf verteilen. Mit restlicher Béchamelsoße begießen und mit der Paniermehlmischung bestreuen.

4 Auflauf im vorgeheizten Backofen bei 200 Grad auf der mittleren Schiene 12–15 Minuten garen, bis das Paniermehl leicht gebräunt ist.

Hähnchenauflauf mit Salbei

Für 4 Personen:
4 Hähnchenbrustfilets
2 Scheiben roher
Schinken
Salz, Pfeffer
2 EL Olivenöl
40 g Butter
20 g Mehl

125 ml Hühnerbrühe
125 g Sahne
4 Scheiben Baguette oder
Toast
2 Knoblauchzehen
100 g Appenzeller-Käse,
gerieben
12 Salbeiblätter

Zubereitungszeit:
30 Min.
Backzeit:
15 Min.

Nährwerte pro Person:
632 kcal, 2653 kJ,
42 g EW, 40 g F, 22 g KH

1 In die Filets je 1 Tasche schneiden und diese mit je ½ Scheibe Schinken und Gouda füllen. Salzen, pfeffern und von allen Seiten in heißem Olivenöl kurz anbraten. Aus der Pfanne nehmen.

2 Backofen auf 225 Grad vorheizen. 30 g Butter im Bratfett schmelzen, das Mehl unterrühren und anschwitzen. Mit Hühnerbrühe und Sahne auffüllen und 15 Minuten zugedeckt bei schwacher Hitze kochen.

3 Brot im Toaster oder Backofen goldbraun rösten. Knoblauch in dünne Scheiben schneiden. Brotscheiben in eine große feuerfeste Form geben, sodass der Boden möglichst bedeckt ist. Fleisch darauflegen.

4 Knoblauch schälen und hacken. Die Hälfte vom geriebenen Appenzeller unter die Soße rühren. Mit Salz abschmecken und löffelweise über das Fleisch geben. Mit dem restlichen Käse bestreuen.

5 Auflauf auf der zweiten Einschubleiste von oben ca. 15 Minuten überbacken. Inzwischen Knoblauch und Salbei in der restlichen Butter anbraten. Vor dem Servieren über den Auflauf gießen.

Für 4 Personen:
750 g Kartoffeln
Salz
1 Zwiebel
1 Knoblauchzehe
1 EL Olivenöl (z.B. von
Alnatura)
500 g Hackfleisch
schwarzer Pfeffer
1 TL gemahlener
Kreuzkümmel
1 großer Apfel
500 g Sauerkraut
200 g saure Sahne
3 Eier
1 TL gekörnte Brühe
2 TL Paprikapulver
edelsüß
ca. 100 g Ananasstücke
(Dose)
Fett für die Form

Zubereitungszeit:
30 Min.
Backzeit:
45 Min.

Nährwerte pro Person:
**620 kcal, 2594 kJ,
36 g EW, 35 g F, 36 g KH**

Sauerkrautauflauf mit Hackfleisch und Ananas

1 Kartoffeln gut waschen und in reichlich Salzwasser ca. 20 Minuten garen. Inzwischen Zwiebel und Knoblauch schälen und hacken.

2 Olivenöl in einer Pfanne erhitzen und Zwiebel sowie Knoblauch darin anschwitzen. Hackfleisch zugeben und unter Rühren krümelig braten. Mit Salz, Pfeffer sowie Kreuzkümmel abschmecken und das Ganze beiseitestellen.

3 Apfel waschen, halbieren, vom Kerngehäuse befreien und das Fruchtfleisch auf dem Gemüsehobel grob raffeln. Sauerkraut in ein Küchensieb geben, abtropfen lassen und danach mit den Apfelraspeln vermengen.

4 Saure Sahne mit Eiern, Brühen- und Paprikapulver verrühren. Kartoffeln abgießen, kurz ausdampfen lassen, schälen und in kleine Würfel schneiden.

5 Hackfleisch, Sauerkrautmischung und Kartoffelwürfel vermengen. Mit Salz und Pfeffer würzen. Backofen auf 170 Grad vorheizen.

6 Die Ananasstücke abgießen und abtropfen lassen. Hackfleischmischung in eine gefettete Auflaufform füllen, Ananasstückchen darauf verteilen und das Ganze mit der Eiersahne gleichmäßig übergießen.

7 Auflauf in den heißen Ofen schieben und ca. 45 Minuten goldgelb backen.

Sauerkraut-Kasseler-Auflauf

Für 6 Personen:
1 kg Kartoffcln
Salz
30 g Margarine
250 ml Cremefine zum
Kochen
Pfeffer
Muskatnuss
750 g Sauerkraut (Dose)
175 g Ananasstücke
(Dose)
600 g Kasseler ohne
Knochen
Fett für die Form

Zubereitungszeit:
35 Min.
Backzeit:
1 Std.

Nährwerte pro Person:
384 kcal, 1607 kJ,
23 g EW, 18 g F, 29 g KH

1 Kartoffeln schälen, waschen und ca. 20 Minuten im Salzwasser gar kochen. Danach Kartoffeln abgießen. 1 EL Margarine sowie die Cremefine dazugeben und mit einem Kartoffelstampfer zu einem Püree verarbeiten.

2 Kartoffelpüree mit Salz, Pfeffer und Muskatnuss abschmecken. Sauerkraut aus der Dose nehmen, grob zerpflücken und mit den abgetropften Ananasstücken vermengen.

3 Backofen auf 175 Grad vorheizen. Kasseler in Würfel schneiden. Kartoffelpüree in 3 Portionen und Sauerkraut sowie Kasseler in je 2 Portionen teilen.

4 In die gefettete Auflaufform zuerst 1 Portion Kartoffelpüree geben. Darauf 1 Portion Sauerkraut verteilen und mit 1 Portion Kassler belegen. In dieser Reihenfolge eine zweite Lage einfüllen und das Ganze mit Kartoffelpüree abschließen.

5 Übrige Margarine auf dem Püree verteilen. Sauerkraut-Kasseler-Auflauf in den heißen Ofen schieben und ca. 1 Stunde garen. Vor dem Servieren kurz ausdampfen lassen.

TIPP

Kasseler wird aus dem Kotelettstrang eines Schweinerückens geschnitten. Es handelt sich dabei um bereits gepökeltes und geräuchertes Fleisch.

Shepherd's Pie

Für 4 Personen:
600 g Kartoffeln
Salz
150 TK-Erbsen
2 Möhren
1 Zwiebel
4 EL Butter
600 g gemischtes
Hackfleisch
50 ml Brühe
1 EL Tomatenmark
Fett für die Form
50 ml Milch
Pfeffer aus der Mühle
Muskatnuss
150 g Cheddar am Stück

Zubereitungszeit:
35 Min.
Backzeit:
15 Min.

Nährwerte pro Person:
719 kcal, 3008 kJ,
45 g EW, 46 g F, 30 g KH

1 Den Backofen auf 200 Grad vorheizen. Kartoffeln waschen, schälen und in Salzwasser ca. 25 Minuten garen, danach abgießen. Die Erbsen in einem Küchensieb auftauen lassen.

2 In der Zwischenzeit die Möhren schälen und in Würfel schneiden. In kochendem Salzwasser ca. 5 Minuten blanchieren, dann abgießen und abtropfen lassen. Zwiebel schälen und in feine Würfel schneiden.

3 2 EL Butter in einer Pfanne erhitzen. Das Hackfleisch darin krümelig-braun anbraten, Zwiebel untermischen und kurz mitbraten.

4 Brühe und Tomatenmark unterrühren. Möhrenwürfel sowie Erbsen zugeben und noch ca. 3 Minuten dünsten. Das Ganze in eine gefettete Auflaufform füllen.

5 Kartoffeln in eine Rührschüssel geben. Übrige Butter und Milch zugeben und das Ganze mit Salz,

Pfeffer und Muskatnuss würzen. Mit einem Kartoffelstampfer zu einem groben Püree verarbeiten und nochmals abschmecken.

6 Das Kartoffelpüree auf dem Hackfleisch verteilen. Cheddar grob reiben und darüberstreuen. Im heißen Backofen 10–15 Minuten überbacken, bis der Käse zu schmelzen beginnt. Heiß servieren.

TIPP

Cheddar ist ein Schnittkäse, der ursprünglich aus England stammt. Ihm wird oft ein pflanzlicher Farbstoff zugegeben, der ihm seine charakteristische dunkelgelbe bis orange Farbe verleiht.

Gemüseauflauf mit Putenfleisch

Für 4 Personen:	400 g Kräuterseitlinge	Zubereitungszeit:	Nährwerte pro Person:
2 Zwiebeln	400 g Putenbrustfilet	30 Min.	516 kcal, 2159 kJ,
2 Knoblauchzehen	1 EL Pflanzencreme	Backzeit:	47 g EW, 30 g F, 14 g KH
250 g Cocktailtomaten	250 ml Cremefine zum	30 Min.	
1 rote Paprikaschote	Kochen		
1 grüne Paprikaschote	1 Ei		
500 g Brokkoli	200 g geriebener Gouda		

1 Zwiebeln und Knoblauch schälen, beides in dünne Scheiben schneiden. Tomaten sowie Paprikaschoten waschen und putzen. Tomaten vierteln, Paprika sehr grob würfeln.

2 Brokkoli waschen und in kleine Röschen teilen. Kräuterseitlinge putzen und in Stücke schneiden. Putenfilet kalt abwaschen, trocken tupfen und in mundgerechte Stücke schneiden.

3 Backofen auf 200 Grad vorheizen. Pflanzencreme in einer Pfanne erhitzen. Putenbrustfilet, Zwiebeln und Knoblauch hineingeben und unter häufigem Rühren kräftig anbraten.

4 Kräuterseitlinge, Paprika und Brokkoli mit in die Pfanne geben. Bei mittlerer Hitze weitere 10 Minu-

ten braten. Tomaten unterheben und dann alles in eine Auflaufform geben.

5 Cremefine mit Ei und 100 g Gouda verschlagen und über den Auflauf gießen. Auflauf in den heißen Ofen schieben und ca. 30 Minuten backen. Nach 20 Minuten mit dem restlichen Käse bestreuen.

BEILAGE

Sehr gut passen zu diesem Gemüseauflauf mit Putenfleisch Bandnudeln und ein knackiger Blattsalat.

Filet-Gemüse-Auflauf

Für 4 Personen:
1 kg Kartoffeln
Salz
30 g Schinkenspeck
1 Zwiebel
250 g Lauch
400 g Pfifferlinge (Dose)
600 g Schweinefilet
30 g Butter
400 g TK-Erbsen
Pfeffer aus der Mühle
Fett für die Form

3 Päckchen Soßenpulver
für Sauce hollandaise
375 g Sahne

Zubereitungszeit:
40 Min.
Backzeit:
35 Min.

Nährwerte pro Person:
884 kcal, 3699 kJ, 53 g EW,
37 g F, 84 g KH

TIPP

Küchenprofis können die Sauce hollandaise natürlich selbst zubereiten: 250 g Butter würfeln und in einem Topf bei schwacher Hitze zerlassen. Ca. 10 Minuten offen köcheln lassen und den sich bildenden Schaum, die Molke, abschöpfen. 3 Eigelb, 4 EL Wasser und 1 Prise Salz in einer Metallschüssel verrühren und im heißen Wasserbad mit dem Schneebesen zu einer dickschaumigen Creme aufschlagen. Die geklärte Butter zuerst tropfenweise, dann in einem dünnen Strahl einrieseln lassen und unterschlagen. Die Soße mit Salz, Pfeffer und Zitronensaft abschmecken. Für das Rezept oben einfach die doppelte Menge Soße herstellen und mit genügend Sahne vermengen. Dann wie beschrieben verwenden.

1 Kartoffeln schälen, waschen und in reichlich Salzwasser in ca. 20 Minuten nicht zu weich garen. Anschließend abgießen, abtropfen und ausdampfen lassen, dann in Scheiben schneiden.

2 Speck in kleine Würfel schneiden. Zwiebel schälen und würfeln. Lauch putzen, waschen und in dünne Ringe schneiden. Pfifferlinge in einem Sieb gut abtropfen lassen.

3 Schweinefilet kurz kalt abspülen, trocken tupfen und in ca. 2 cm dicke Scheiben schneiden. Butter in einer Pfanne erhitzen und das Fleisch darin von beiden Seiten kurz anbraten, anschließend wieder herausnehmen.

4 Im verbliebenen Bratfett die Speckwürfel unter Rühren kurz anbraten, dann Zwiebelwürfel, Lauchringe, unaufgetaute Erbsen, abgetropfte Pfifferlinge und Kartoffelscheiben zufügen. Das Ganze mit Salz und Pfeffer würzen und ca. 5 Minuten unter Rühren andünsten.

5 Gemüsemischung und Fleischscheiben in eine gefettete Auflaufform geben, alles vorsichtig vermengen. Backofen auf 190 Grad vorheizen.

6 Soßenpulver, Sahne und 3/8 l Wasser in einem Topf verrühren, unter Rühren aufkochen und gleichmäßig über den Auflauf gießen. Die Form mit Alufolie abdecken und im heißen Ofen 30–35 Minuten garen.

Schweinefiletgratin mit Gemüse

Für 4 Personen:	100 g Butterkäse	Zubereitungszeit:
400 g Schweinefilet	200 g Sahne	35 Min.
2 EL Butterschmalz	2 Eier	Backzeit:
Salz	Muskatnuss	1 Std.
Pfeffer	Petersilie zum Bestreuen	
250 g Möhren		Nährwerte pro Person:
500 g Kartoffeln		658 kcal, 2753 kJ,
250 g Champignons		33 g EW, 44 g F, 24 g KH

1 Den Backofen auf 200 Grad vorheizen. Fleisch kurz kalt abbrausen und trocken tupfen.

2 Butterschmalz in einer Pfanne erhitzen. Das Fleisch rundherum kräftig anbraten und 5 Minuten bei niedriger Temperatur weiterbraten. Danach herausnehmen, salzen und pfeffern, dann einige Minuten ruhen lassen.

3 Möhren und Kartoffeln schälen, waschen und in dünne Scheiben schneiden. Champignons putzen und in dickere Scheiben schneiden.

4 Käse fein reiben. Sahne und Eier verrühren und mit Salz, Pfeffer und Muskatnuss würzen. ¾ des Käses in die Eiermilch rühren. Fleisch in Scheiben schneiden.

5 Fleisch- und Gemüsescheiben dekorativ in eine Auflaufform schichten. Eiermilch darübergießen und mit Alufolie abdecken.

6 Auflauf in den heißen Ofen schieben und 40 Minuten zugedeckt backen. Dann die Folie abnehmen, den restlichen Käse über den Auflauf geben und weitere 20 Minuten backen. Mit Petersilie bestreut servieren.

Hackfleisch-Gemüse-Auflauf

Für 4 Personen:	Pfeffer	50 g geriebener	Nährwerte pro Person:
1 Möhre	Fett für die Form	Emmentaler	365 kcal, 1527 kJ,
1 kleine Stange Lauch	3 EL Mehl		32 g EW, 25 g F, 3 g KH
1 Selleriestange	400 ml Milch	Zubereitungszeit:	
600 g gemischtes	Muskatnuss	40 Min.	
Hackfleisch	700 g Kartoffel, gegart und	Backzeit:	
5 EL Pflanzencreme	in Scheiben geschnitten	35 Min.	
Salz	2 Eigelbe		

1 Backofen auf 200 Grad vorheizen. Möhre schälen und in Scheiben schneiden. Lauch putzen, gründlich waschen und in Ringe schneiden. Sellerie waschen und in dünne Scheiben schneiden.

2 Hackfleisch in 2 EL heißer Pflanzencreme krümelig anbraten. Gemüse kurz zusammen mit dem Hack braten und mit Salz und Pfeffer würzen. Eine Auflaufform einfetten und Hackfleisch einfüllen.

3 Für die Béchamelkartoffeln übrige Pflanzencreme erhitzen. Mehl einstäuben und anschwitzen. Milch unter Rühren zugießen und einmal aufkochen lassen. Mit Salz, Pfeffer und Muskatnuss kräftig abschmecken.

4 Béchamelsoße mit den Kartoffeln vermengen. Eigelbe unterrühren und das Ganze über dem Hackfleisch verteilen. Mit geriebenem Käse bestreuen.

5 Den Auflauf in den vorgeheizten Ofen schieben. Ca. 35 Minuten backen, bis er goldgelb ist. Hackfleisch-Gemüse-Auflauf heiß servieren.

Kartoffelauflauf mit Auberginen und Würstchen

Für 4 Personen:
2 Auberginen
600 g Kartoffeln
2 Zwiebeln
1 EL Butter
Salz
Pfeffer aus der Mühle
Fett für die Form

¼ l Gemüsebrühe
3 Eier
150 g Crème fraîche
100 g Sahne
1 EL Estragonsenf
8 kleine Bratwürstchen
(z. B. Nürnberger Rost-
bratwürste)

frischer Thymian zum
Garnieren

Zubereitungszeit:
35 Min.
Backzeit:
45 Min.

Nährwerte pro Person:
678 kcal, 2837 kJ,
27 g EW, 50 g F, 32 g KH

1 Die Auberginen putzen, waschen und in Scheiben schneiden. Die Kartoffeln schälen, waschen und in dünne Scheiben schneiden bzw. hobeln.

2 Zwiebeln schälen und in dünne Spalten schneiden. Butter in einer Pfanne erhitzen und die Zwiebeln darin unter Rühren glasig anschwitzen, die Kartoffeln zugeben und ca. 5 Minuten unter Rühren braten. Mit Salz und Pfeffer würzen.

3 Auberginenscheiben zugeben und kurz mit anbraten. Das Ganze salzen, pfeffern und in eine gefettete Auflaufform geben. Die Brühe zugießen. Backofen auf 200 Grad vorheizen.

4 Eier mit Crème fraîche, Sahne und dem Senf verquirlen. Mit Salz sowie frisch gemahlenem Pfeffer würzen und über den Auflauf gießen. Den Auflauf im heißen Ofen ca. 45 Minuten auf der mittleren Schiene goldbraun backen.

5 10 Minuten vor Garzeitende die Würstchen auf dem Auflauf verteilen und mitgaren. Heiß und mit Thymian garniert servieren.

Kartoffel-Champignon-Gratin mit Hackbällchen

1 Kartoffeln schälen, waschen und in dünne Scheiben schneiden bzw. hobeln. Die Pilze mit Küchenpapier gut abreiben, putzen und in Scheiben schneiden. Tomaten waschen, halbieren und die Stielansätze entfernen.

2 Knoblauch und Zwiebel schälen und fein hacken. Petersilie waschen, trocken schütteln und grob hacken. Hackfleisch, Ei und Knoblauchwürfel vermengen, dann mit Salz und Pfeffer würzen und zu kleinen Bällchen formen.

3 Pflanzencreme in einer Pfanne erhitzen und die Hackbällchen darin von allen Seiten anbraten. Pilze und Zwiebel zufügen und das Ganze unter Rühren kurz andünsten. Anschließend Petersilie und Tomaten unterrühren.

4 Die Kartoffelscheiben in eine gefettete Auflaufform schichten. Hackbällchen und Pilz-Zwiebel-Mischung darauf verteilen. Cremefine, Eigelbe und 50 g Gouda verrühren, mit Salz und Pfeffer würzen und gleichmäßig darübergießen.

5 Auflauf mit dem restlichen Gouda bestreuen. Im vorgeheizten Backofen bei 200 Grad auf der zweiten Schiene von unten ca. 50 Minuten backen. Anschließend heiß servieren.

Für 4 Personen:
800 g Kartoffeln
400 g Champignons
150 g Cocktailtomaten
2 Knoblauchzehen
1 große Zwiebel
1 Bd. Petersilie
250 g Beefsteak-
hackfleisch
1 Ei
Salz
Pfeffer aus der Mühle
1 EL Pflanzencreme
(z. B. von Rama)
Fett für die Form
¼ l Cremefine zum
Kochen
2 Eigelbe
150 g Gouda, gerieben

Zubereitungszeit:
40 Min.
Backzeit:
50 Min.

Nährwerte pro Person:
**357 kcal, 1492 kJ,
23 g EW, 20 g F, 20 g KH**

Putenauflauf mit Brokkoli und Mandeln

Für 4 Personen:
600 g Brokkoli
Salz
200 g große Champignons
3 Zwiebeln
3 Knoblauchzehen
500 g Putenbrustfilet
2 EL Olivenöl
Pfeffer aus der Mühle
1 Prise Muskatnuss, frisch gerieben
1 EL Butter
4 Eier
150 g Sahne
4 EL Käse, gerieben (z. B. Edamer)
3 EL Mandelblättchen

Zubereitungszeit:
45 Min.
Backzeit:
20 Min.

Nährwerte pro Person:
724 kcal, 3030 kJ,
52 g EW, 53 g F, 11 g KH

1 Backofen auf 200 Grad vorheizen. Brokkoli putzen, waschen und in kleine Röschen teilen. Stiele schälen und klein schneiden.

2 Die Brokkoliröschen in kochendem Salzwasser 3 Minuten blanchieren. In ein Sieb abgießen, mit kaltem Wasser abschrecken und gut abtropfen lassen.

3 Champignons mit Küchenpapier gut abreiben, putzen und in Scheiben schneiden. Zwiebeln und Knoblauch schälen, Knoblauch fein hacken, Zwiebeln in sehr dünne Streifen schneiden.

4 Putenbrustfilet kurz kalt abspülen, trocken tupfen und in gleichmäßige Streifen schneiden. Olivenöl in einer großen Pfanne erhitzen und die Putenbruststreifen darin rundum kräftig anbraten.

5 Champignons, Brokkolistiele, Knoblauch und Zwiebeln dazugeben und kurz mitbraten. Alles mit Salz, Pfeffer und Muskatnuss würzen und mit den Brokkoliröschen behutsam untermengen.

6 Eine Auflaufform dünn mit Butter ausstreichen und die Fleisch-Champignon-Masse einfüllen. Die Eier mit der Sahne verquirlen und den Käse unterrühren.

7 Die Eier-Käse-Sahne über den Auflauf gießen. Mit den Mandeln bestreuen und das Ganze im heißen Ofen ca. 20 Minuten knusprig überbacken.

VARIANTE

Anstelle von Putenfleisch kann auch Hähnchenfleisch verwendet werden.
Der Brokkoli kann durch Romanesco ersetzt werden. Zum Überbacken eignen sich Gouda, Edamer oder Leerdammer, mit Greyerzer oder Bergkäse wird das Gratin noch würziger.

Moussaka

Für 4 Personen:
1 kg Auberginen
2 Zwiebeln
4 – 5 EL Olivenöl
500 g Hackfleisch
2 Knoblauchzehen
400 g stückige Tomaten
mit Kräutern (Dose)
Salz
Pfeffer aus der Mühle
je ½ TL getrockneter
Thymian und Oregano
500 ml Béchamelsoße
(selbst gemacht oder
Fertigprodukt)

2 Eigelbe
Fett für die Form
50 g Parmesan, frisch
gerieben
Oreganoblättchen zum
Garnieren

Zubereitungszeit:
35 Min.
Backzeit:
1 Std.

Nährwerte pro Person:
613 kcal, 2565 kJ,
37 g EW, 43 g F, 20 g KH

1 Auberginen waschen, putzen und der Länge nach in 1 cm dicke Scheiben schneiden. Zwiebeln schälen und fein würfeln. Olivenöl erhitzen und die Auberginenscheiben darin goldbraun braten. Herausnehmen und die Zwiebeln im verbliebenen Bratfett andünsten.

2 Hackfleisch zu den Zwiebeln geben und unter Rühren kräftig anbraten. Knoblauchzehen schälen, fein hacken und dazugeben. Tomatenstücke hinzufügen und alles mit Salz, Pfeffer, Thymian und Oregano abschmecken.

3 Backofen auf 180 Grad vorheizen. Béchamelsoße erhitzen und dann wieder etwas abkühlen lassen. Anschließend Eigelbe unterziehen, mit Salz und frisch gemahlenem Pfeffer abschmecken.

4 Eine Auflaufform einfetten. 1 Lage Auberginen einschichten, die Hackfleischmasse darübergeben und mit Auberginen bedecken. Dabei jede Schicht mit etwas Parmesan bestreuen.

5 Béchamelsoße gleichmäßig über den Auflauf gießen und das Ganze im heißen Ofen ca. 1 Stunde backen. Mit Oreganoblättchen garniert servieren.

VARIANTE

Moussaka ist ein typisches Auflaufgericht aus der bulgarischen, griechischen, rumänischen und türkischen Küche. Es existieren zahlreiche Varianten mit verschiedenen Schichten, wobei traditionell eine mit gebratenen Auberginenscheiben darunter ist. Das Hackfleisch kann vom Lamm, Rind, Schwein oder auch Geflügel sein – oder in der vegetarischen Variante durch Sojaschnetzel ersetzt werden. Noch würziger wird das Moussaka, wenn man etwas Schafskäse mit einschichtet. Dann aber mit Salz vorsichtig würzen, denn der Käse ist meistens sehr salzig.

Schnitzel-Paprika-Gratin

Für 4 Personen:
je 2 rote, gelbe und grüne
Paprikaschoten
4 Knoblauchzehen
2 Fenchelknollen
4 Putenschnitzel (à 150 g)
Salz
Pfeffer
4 EL Olivenöl
6 TL Pesto rosso (Glas)
75 g Crème fraîche
75 g saure Sahne
50 ml Milch
150 g Mozzarella

Zubereitungszeit:
50 Min.
Backzeit:
10 Min.

Nährwerte pro Person:
541 kcal, 2264 kJ,
48 g EW, 33 g F, 13 g KH

1 Paprikaschoten waschen, putzen, von Kernen und Trennwänden befreien und Fruchtfleisch längs vierteln. Mit der Hautseite nach oben auf den Gitterrost des Backofens legen und unter dem Grill grillen, bis die Haut Blasen wirft und schwarz wird.

2 Paprika aus dem Ofen nehmen. Mit nassem Küchenpapier abdecken und etwas ziehen lassen. Danach die Haut abziehen.

3 Knoblauch abziehen und durch die Presse drücken. Den Fenchel waschen, putzen und dabei etwas Grün zum Garnieren beiseitelegen. Fenchel halbieren, vom Strunk befreien und in Scheiben schneiden.

4 Backofen auf 220 Grad vorheizen. Die Schnitzel trocken tupfen, in je 3 Stücke schneiden und mit Salz und Pfeffer würzen.

5 Das Olivenöl in einer beschichteten Pfanne erhitzen und die Schnitzel darin von jeder Seite ca. 2 Minuten braten. Wieder herausnehmen. Fenchelscheiben im Bratöl von beiden Seiten 2 Minuten braten. Mit Salz und Pfeffer würzen und danach ebenfalls herausnehmen.

6 Pesto rosso mit Crème fraîche, saurer Sahne und Milch verrühren. Die Mischung mit Salz und Pfeffer abschmecken. Mozzarella abtropfen lassen und in kleine Würfel schneiden.

7 Paprika, Fenchel und schnitzel in eine Gratinform schichten. Mit der Pestosoße begießen und mit Mozzarella bestreuen.

8 In den heißen Backofen schieben und ca. 10 Minuten überbacken. Heiß servieren.

Kartoffel-Rindfleisch-Gratin

Für 4 Personen:	2 EL Rapsöl	Zubereitungszeit:	Nährwerte pro Person:
400 g Rinderfilet	**Pfeffer aus der Mühle**	**30 Min.**	**425 kcal, 1788 kJ,**
4 rote Paprikaschoten	**80 g Feta**	Backzeit:	**31 g EW, 14 g F, 42 g KH**
4 Schalotten	**4 EL getrockneter**	**20 Min.**	
800 g Kartoffeln	**Thymian**		
Salz			

1 Rinderfilet kalt abspülen, gut trocken tupfen und in dünne Streifen schneiden. Paprika halbieren, putzen, waschen und in dünne Streifen schneiden. Schalotten schälen und hacken.

2 Kartoffeln schälen, waschen und in reichlich Salzwasser garen. Anschließend abgießen, ausdampfen lassen und in Scheiben schneiden.

3 Schalotten in Öl andünsten. Fleisch und Paprikastreifen zugeben und alles rundum anbraten. Backofen auf 200 Grad vorheizen.

4 Kartoffeln und Fleischmischung in eine ofenfeste Form schichten, salzen und pfeffern. Feta zerbröckeln, mit Thymian vermengen und darübergeben. Im heißen Ofen ca. 20 Minuten backen.

Geschnetzeltes mit Kartoffelhaube

Für 6 Personen:	3 rote Zwiebeln	Fett für die Form	Zubereitungszeit:
1 kg Kartoffeln	**2 grüne Paprikaschoten**	**100 g Butter**	**40 Min.**
Salz	**¼ l Fleischbrühe**	**4 EL Milch**	Backzeit:
1 kg Schweineschnitzel	**2 EL Sahne**	**gerebelter Rosmarin**	**30 Min**
3 EL Butterschmalz	**3 EL Crème fraîche mit**		
Pfeffer aus der Mühle	**Kräutern**		Nährwerte pro Person:
Kräuter der Provence	**1 EL Mehl**		**661 kcal, 2766 kJ,**
500 g frische Champignons	**3 Fleischtomaten**		**45 g EW, 39 g F, 33 g KH**

1 Kartoffeln schälen, waschen und in reichlich Salzwasser ca. 20 Minuten gar kochen. Backofen auf 180 Grad vorheizen.

2 Schweineschnitzel abspülen, trocken tupfen und in dünne Streifen schneiden. Butterschmalz erhitzen und das Fleisch darin rundum anbraten. Mit Salz, Pfeffer und Kräutern der Provence würzen.

3 Champignons putzen und in Scheiben schneiden. Zwiebeln schälen und würfeln. Fleisch aus der Pfanne nehmen und warm stellen. Zwiebeln und Champignons im Bratfond andünsten.

4 Paprikaschoten putzen, waschen, in dünne Streifen schneiden und zur Champignonmischung geben. Fleisch zugeben und Fleischbrühe angießen. Bei schwacher Hitze ca. 10 Minuten garen.

5 Sahne und Crème fraîche mit dem Mehl verrühren und die Mischung in das Geschnetzelte einrühren. Tomaten kreuzweise einritzen, überbrühen, kurz ziehen lassen, häuten und weitgehend entkernen. Fruchtfleisch ohne Stielansätze grob würfeln und zum Fleisch geben. Das Geschnetzelte nochmals abschmecken und in eine gefettete Auflaufform geben. Warm stellen.

6 Kartoffeln abgießen, kurz ausdampfen lassen und durch eine Presse in eine Schüssel drücken. 50 g Butter und Milch zufügen und alles gut vermengen.

7 Kartoffelmasse auf dem Geschnetzelten verteilen, glatt streichen und mit Rosmarin bestreuen. Die restliche Butter in Flöckchen daraufsetzen und das Ganze im heißen Ofen ca. 30 Minuten goldbraun backen.

SÜSSE AUFLÄUFE
& GRATINS

Hefezopfauflauf *(Abb. S. 101)*

Für 6 Personen:	100 g Magerquark	Zubereitungszeit:	Nährwerte pro Person:
Margarine zum Fetten der Tassen	75 g Zucker	25 Min.	372 kcal, 1556 kJ,
200 g Hefezopf vom Vortag	1 Päckchen Bourbon-Vanillezucker, 3 Eier	Backzeit:	12 g EW, 18 g F, 38 g KH
50 g Mandelstifte	500 g Erdbeeren	45 Min.	
250 ml Cremefine zum Kochen	1 EL Minz- oder Ahornsirup		
	1 TL Zitronensaft		

1 6 ofenfeste Tassen von ca. 175 ml Inhalt mit Margarine fetten. Jede Tasse mit Backpapier so auskleiden, dass es ca. 3 cm über den Rand herausragt.

2 Den Backofen auf 175 Grad vorheizen. Den Hefezopf in 1 cm große Würfel schneiden. Mit der Hälfte der Mandelstifte mischen und in die Tassen füllen. Cremefine, Quark, Zucker, Vanillezucker und Eier gründlich verrühren. Gleichmäßig auf die Tassen verteilen. Dabei immer etwas von der Flüssigkeit in die Tassen gießen, anschließend einziehen lassen und erst dann weitere Flüssigkeit nachgießen.

3 Die Tassen in ein mit heißem Wasser gefülltes Blech stellen. In den heißen Backofen stellen und auf der mittleren Schiene 45 Minuten backen.

4 Inzwischen die Erdbeeren waschen, putzen und gut abtropfen lassen. Danach vierteln. Die restlichen Mandelstifte grob hacken. Erdbeeren und Mandeln mit Sirup und Zitronensaft vermengen.

5 Hefezopfaufläufe aus dem Ofen nehmen. Kurz ausdampfen lassen und dann mit den Erdbeeren servieren.

Scheiterhaufen mit glasierten Äpfeln

Für 4 Personen:	100 g Rosinen	Zubereitungszeit:	Nährwerte pro Person:
4 Brötchen vom Vortag	1 TL Zimtpulver	30 Min.	681 kcal, 2860 kJ,
2 Eier, ¼ l Milch	5 EL Zucker	Backzeit:	11 g EW, 28 g F, 95 g KH
50 g Puderzucker	60 g Apfelsaft	40 Min.	
1 Prise Salz	30 g Honig		
5 große säuerliche Äpfel	1 TL Piment Puderzucker		
100 g Butter	1 Zimtstange		

1 Brötchen in Scheiben schneiden. Eier mit Milch, Puderzucker und Salz verquirlen und Brötchenscheiben darin einweichen, bis sie alles aufgesogen haben. Den Backofen auf 180 Grad vorheizen.

2 3 Äpfel schälen, Kerngehäuse entfernen und das Fruchtfleisch in dünne Scheiben schneiden. Eine Auflaufform mit etwas Butter einfetten und Boden mit Brötchenscheiben auslegen. Darauf 1 Schicht Apfelscheiben geben.

3 Mit einigen Rosinen und Zimt und Zucker bestreuen. Vorgang wiederholen, bis alles aufgebraucht ist. Die oberste Schicht bilden Brötchen.

4 50 g Butter in Flöckchen darauf verteilen und den Scheiterhaufen im Ofen ca. 45 Minuten backen.

5 Restliche Äpfel schälen, entkernen, in dünne Scheiben schneiden und in eine feuerfeste Form setzen. Apfelsaft, Honig, restliche Butter und Piment erhitzen, bis die Butter schmilzt. Gelegentlich umrühren. Buttermischung über die Äpfel gießen und ca. 45 Minuten backen, dabei alle 10–15 Minuten mit heißer Flüssigkeit aus der Form beträufeln.

6 Scheiterhaufen mit den glasierten Äpfeln servieren. Nach Wunsch mit Puderzucker bestäuben oder mit der Zimtstange garnieren.

Schoko-Pfirsich-Auflauf

Für 4 Personen:
500 g Pfirsiche
130 g Zartbitterschoko-
lade (70 % Kakaoanteil)
3 Eier
40 g Butter
40 g Zucker
100 g gehackte Hasel-
nüsse
20 g Kakaopulver
1 TL Backpulver
Butter für die Form
Zucker zum Bestreuen

Zubereitungszeit:
30 Min.
Backzeit:
35 Min.

Nährwerte pro Person:
584 kcal, 2443 kJ,
13 g EW, 41 g F, 42 g KH

1 Backofen auf 180 Grad vorheizen. Pfirsiche waschen, trocken reiben, vierteln und den Stein entfernen. Dann in Spalten schneiden. Schokolade hacken und Eier trennen.

2 Eiweiß zu einem festen Schnee schlagen. Butter mit Zucker schaumig schlagen. Eigelbe nacheinander hinzufügen und je 1 Minute unterrühren.

3 Haselnüsse mit Kakao, Backpulver und gehackter Schokolade mischen. Das Ganze unter die Eigelbmischung rühren. Dann vorsichtig den Eischnee unterheben.

4 Eine Auflaufform fetten. Den Teig einfüllen und die Pfirsichspalten leicht in den Teig drücken. Das Ganze mit etwas Zucker bestreuen. Im heißen Backofen 25–35 Minuten backen.

VARIANTE

Sollten Sie keine frischen Pfirsiche bekommen, können auch Früchte aus der Dose verwendet werden. Diese sollten Sie dann aber möglichst gut (am besten in einem großen Küchensieb) abtropfen lassen.

Kerniger Haferflockenauflauf

Für 6 Personen:
6 säuerliche Äpfel
150 g Margarine
6 Eier
200 g Zucker
200 ml Milch
250 g Haferflocken
40 g feine Speisestärke
(z. B. von Mondamin)
2 gestr. TL Backpulver
Fett für die Form

Zubereitungszeit:
25 Min.
Backzeit:
45 Min.

Nährwerte pro Person:
655 kcal, 2741 kJ,
13 g EW, 30 g F, 82 g KH

1 Backofen auf 200 Grad vorheizen. 4 Äpfel schälen, vierteln, entkernen und das Fruchtfleisch in feine Scheiben schneiden. Margarine in eine Schüssel geben. Eier trennen.

2 Eigelbe, Zucker, Milch, Haferflocken, Speisestärke und Backpulver zur Margarine geben. Alle Zutaten mit dem Handrührgerät auf höchster Stufe ca. 2 Minuten gut verrühren.

3 Eiweiß steif schlagen und zusammen mit den Apfelscheiben unter den Teig heben. Masse in eine gefettete Auflaufform füllen.

4 Die übrigen Äpfel schälen und mit dem Apfelausstecher entkernen. Fruchtfleisch in Ringe schneiden und den Auflauf damit belegen. In den heißen Ofen schieben und ca. 45 Minuten backen.

BEILAGE
Reichen Sie zu diesem Auflauf z. B. eine Marzipansoße. Ein leckeres Rezept dafür finden Sie auf S. 113.

Fruchtiger Couscousauflauf

Für 6 Personen:
¼ l Milch
250 g Sahne
125 g Couscous
4 EL brauner Zucker
½ Vanilleschote
250 g Pflaumen
2 EL Zucker

6 cl Portwein
150 g Joghurt
30 g Mandeln, geröstet
und gehackt
½ Päckchen Orangen-
aroma
Pflaumenspalten
zum Garnieren

Zubereitungszeit:
30 Min.
Backzeit:
20 Min.

Nährwerte pro Person:
**446 kcal, 1379 kJ,
5 g EW, 20 g F, 33 g KH**

1 In einem Topf Milch und Sahne zum Kochen bringen. Couscous mit braunem Zucker unter-mengen. Vanilleschote längs aufschlitzen und das Mark herauskratzen. Vanillemark samt Schote zur Milch geben, alles gut verrühren, bei geringer Hitze ca. 2 Minuten garen und zur Seite stellen.

2 Pflaumen waschen, halbieren, entsteinen und in Spalten schneiden. Backofen auf 200 Grad vor-heizen. Pflaumen mit Zucker und Portwein ver-mischen und kurz ziehen lassen.

3 Vanilleschote aus der Milchmischung entfernen. Couscous mit Joghurt, Mandeln und Orangen-aroma verrühren.

4 Pflaumen auf 6 feuerfeste Förmchen verteilen. Cous-cousmasse darauf verteilen und das Ganze im hei-ßen Ofen 15 – 20 Minuten garen.

5 Couscousauflauf aus dem Ofen nehmen, noch warm und nach Wunsch mit Pflaumenspalten garniert servieren.

Apfel-Quark-Auflauf

Für 6 Personen:
3 Äpfel (z. B. Boskop)
4 EL getrocknete Cranberrys
4 EL Orangensaft
4 Eier
100 g Birnendicksaft
500 g Magerquark
1 TL abgeriebene Zitronenschale (unbehandelt)
1 Prise Salz
6 EL Grieß
2 TL Backpulver
2 TL Öl
Puderzucker zum Bestäuben

Zubereitungszeit:
25 Min.
Backzeit:
40 Min.

Nährwerte pro Person:
**400 kcal, 1679 kJ,
26 g EW, 10 g F, 49 g KH**

1 Backofen auf 180 Grad vorheizen. Äpfel waschen, schälen und vierteln. Kerngehäuse entfernen und die Apfelspalten in Scheiben schneiden.

2 Apfelscheiben in eine Schüssel geben und Cranberrys zugeben. Mit Orangensaft begießen und das Ganze marinieren.

3 Eier, Birnendicksaft, Magerquark, Zitronenschale, Salz, Grieß und Backpulver zu einer cremigen Masse verrühren. Anschließend das Obst unterheben.

4 Eine Auflaufform mit Öl einfetten und die Quark-Obst-Masse einfüllen. In den vorgeheizten Back-

ofen schieben und auf der mittleren Schiene ca. 40 Minuten backen.

5 Nach Backzeitende den Auflauf herausnehmen und vor dem Servieren etwas abkühlen lassen. Mit Puderzucker bestäuben.

TIPP
Cranberrys gehören zu den Heidekrautgewächsen. Sie haben viel helles, festes Fleisch mit intensivem Geschmack und einer feinherben Note.

Obstauflauf mit Mandelstiften

Für 6 Personen:
**250 g Schattenmorellen
(Glas)
2 altbackene Brötchen,
in dünne Scheiben ge-
schnitten
2 Eigelbe
200 Erdbeeren
1 Beutel Sahnepudding-
pulver zum Kochen
400 ml Milch
Butter für die Förmchen
2 Eiweiß
6 EL Mandelstifte
Puderzucker zum
Bestäuben**

Zubereitungszeit:
20 Min.
Backzeit:
30 Min.

Nährwerte pro Person:
**253 kcal, 1059 kJ,
7 g EW, 9 g F, 35 g KH**

1 Die Schattenmorellen in einem Küchensieb abtropfen lassen und den Saft auffangen. Die Brötchenscheiben damit beträufeln. Eigelbe verquirlen und über die Brötchen geben.

2 Backofen auf 200 Grad vorheizen. Erdbeeren waschen, putzen und vierteln. Pudding mit 400 ml Milch nach Packungsaufschrift zubereiten.

3 6 kleine ofenfeste Förmchen fetten und Hälfte der Beeren einfüllen. Hälfte der Brötchenscheiben darauf verteilen. Eiweiß unter den gekochten Pudding rühren.

4 Förmcheninhalt mit der Hälfte des Sahnepuddings abdecken. Anschließend die restlichen Brötchenscheiben und dann die übrigen Beeren darüber verteilen.

5 Das Ganze mit dem restlichen Pudding begießen und mit den Mandeln bestreuen. Im heißen Ofen ca. 30 Minuten backen. Sollte der Auflauf zu dunkel werden, mit Alufolie abdecken.

6 Nach Backzeitende die Förmchen aus dem Ofen nehmen und leicht ausdampfen lassen. Mit Puderzucker bestäubt servieren.

TIPP
Eine schöne Kruste erhalten Sie, wenn Sie vor dem Backen obenauf Butterflöckchen setzen und die Förmchen mit Zucker bestreuen.

Milchreisauflauf mit Pfirsichen

Für 4 Personen:	200 g Brotaufstrich	Zubereitungszeit:	Nährwerte pro Person:
½ l Milch	(z. B. von Brunch)	20 Min.	494 kcal, 2061 kJ,
1 Beutel Milchreis mit	2 Eier	Backzeit:	12 g EW, 28 g F, 48 g KH
Vanillegeschmack (200 g)	50 g Kokosraspel	45 Min.	
1 Dose Pfirsiche	1 Päckchen Vanillezucker		
(ca. 250 g)	Butter für die Form		

1 Den Backofen auf 200 Grad vorheizen. Milch sprudelnd aufkochen, bis Milchschaum im Topf nach oben steigt. Den Topf vom Herd nehmen und den Milchreis unter ständigem Rühren mit einem Schneebesen zufügen. 1 Minute weiterrühren, dann den Milchreis 10 Minuten quellen lassen.

2 Pfirsiche in einem Sieb abtropfen lassen und in kleine Würfel schneiden.

3 Brotaufstrich, Eier, Kokosraspel und Vanillezucker in einer Schüssel mit dem Schneebesen zu einer geschmeidigen Masse verrühren. Milchreis und Pfirsichwürfel unterheben.

4 Anschließend den Milchreis in eine gefettete Auflaufform füllen und im Backofen ca. 45 Minuten backen. Vor dem Servieren ein wenig abkühlen lassen.

Hirseauflauf mit Himbeeren

Für 4 Personen:
250 g Hirse
500 ml Vollmilch
2 EL Butter
1 Päckchen
Vanillezucker
Salz
4 EL Honig
4 Eier
250 g Himbeeren

Zubereitungszeit:
30 Min.
Auskühlzeit:
1 Std.
Backzeit:
40 Min.

Nährwerte pro Person:
484 kcal, 2025 kJ,
19 g EW, 17 g F, 62 g KH

1 Hirse waschen und mit Milch, 1 EL Butter, Vanillezucker und 1 Prise Salz in einem Topf zum Kochen bringen. Den Hirsebrei 5 Minuten kochen lassen. Dabei öfter umrühren.

2 Den Topf vom Herd ziehen und kurz abkühlen lassen. Dann den Honig unterrühren und 1 Stunde auskühlen lassen.

3 Den Backofen auf 170 Grad vorheizen. Eine Auflaufform mit der restlichen Butter einfetten. Die Eier trennen. Eiweiß zu einem sehr steifen Eischnee schlagen. Eigelbe leicht verquirlen und unter die Hirsemasse rühren.

4 Himbeeren kurz kalt abbrausen und trocken tupfen. Den Eischnee mit den Himbeeren unter die Hirsemasse heben.

5 Die Auflaufmasse in die gefetteten Formen geben und in den heißen Ofen schieben. 30 – 40 Minuten goldgelb backen. Nach Belieben warm oder kalt servieren.

BEILAGE

Reichen Sie hierzu eine selbst gemachte Vanillesoße. Dafür 4 Eigelbe mit 4 EL Zucker schaumig schlagen. Mark von 2 Vanilleschoten mit 200 ml Milch und 200 g Sahne verrühren. Eigelbcreme unterrühren und das Ganze unter Rühren langsam erhitzen, bis die Soße cremig wird. Sie darf nicht kochen, da sie sonst gerinnt.

Süßer Cranberry-Knödel-Auflauf

Für 4 Personen:
Für die Grießknödel:
350 ml Milch
20 g Butter
150 g Hartweizengrieß
1 Ei
50 g Zucker
abgeriebene Schale von
½ Zitrone (unbehandelt)
2 EL Magerquark
50 g getrocknete
Cranberrys
Salz
Fett für die Form
30 g Walnüsse
40 g Paniermehl
2 EL Butter

Für das Kompott:
240 g Aprikosen (Dose)
250 ml Cranberrynektar
1 EL Speisestärke
40 g getrocknete
Cranberrys

Zubereitungszeit:
30 Min.
Quellzeit:
30 Min.
Backzeit:
25 Min.

Nährwerte pro Person:
708 kcal, 2962 kJ,
13 g EW, 19 g F, 121 g KH

1 Für die Grießknödel Milch mit Butter aufkochen, dann den Topf sofort vom Herd ziehen. Grieß einrühren und den Topf wieder auf die Kochstelle setzen. Masse unter Rühren 1–2 Minuten erhitzen.

2 Ei aufschlagen und sofort unter die heiße Grießmasse rühren. Dann nach und nach Zucker, Zitronenschale, Quark und getrocknete Cranberrys untermengen. Dann das Ganze 30 Minuten quellen lassen.

3 Aus der Grießmasse mit angefeuchteten Händen aprikosengroße Knödel formen. In leicht gesalzenem heißen Wasser in ca. 10 Minuten gar ziehen lassen.

4 Den Backofen auf 180 Grad vorheizen. Knödel mit einer Schaumkelle aus dem Wasser heben und abtropfen lassen. Eine Auflaufform fetten und die Klöße hineinsetzen.

5 Walnüsse fein hacken und mit Paniermehl mischen. Die Klöße damit bestreuen. Butter in Flöckchen daraufgeben. Im heißen Backofen 20–25 Minuten überbacken.

6 Für das Kompott Aprikosen auf einem Sieb abtropfen lassen. Aprikosen klein schneiden. Cranberrynektar in einem Topf aufkochen. Stärke mit wenig kaltem Wasser verquirlen.

7 Stärke in den Nektar einrühren und einmal aufkochen lassen. Aprikosen und Cranberrys hineingeben. Den Auflauf mit dem Aprikosen-Cranberry-Kompott zusammen servieren.

Quarkgratin mit Beeren

Für 4 Personen:
500 g Quark
(10 % Fett i. Tr.)
je 150 g Heidelbeeren,
Johannisbeeren, Him-
beeren und Brombeeren
1 Vanilleschote
4 Eier
50 g Speisestärke
190 g Puderzucker
4 Tropfen Bitter-
mandelöl
Salz
2 EL abgeriebene
Limettenschale
(unbehandelt)

Zubereitungszeit:
35 Min.
Backzeit:
35 Min.

Nährwerte pro Person:
515 kcal, 2159 kJ,
23 g EW, 13 g F, 72 g KH

1 Den Quark in ein Sieb geben und abtropfen lassen. Heidelbeeren und Johannisbeeren kurz abbrausen. Johannisbeeren von den Rispen streifen und mit den Heidelbeeren auf Küchenpapier abtropfen lassen.

2 Himbeeren und Brombeeren gründlich verlesen. Alle Beeren auf ein mit Backpapier belegtes Tablett oder Blech legen und für ca. 15 Minuten in das Gefrierfach geben, um die Beeren anzufrieren.

3 Inzwischen Vanilleschote längs aufschneiden und das Mark herauskratzen. Eier trennen. Eigelbe, Quark, Vanillemark, Speisestärke und 80 g Puderzucker verrühren. Mit Bittermandelöl aromatisieren.

4 Eiweiß mit 1 Prise Salz und 100 g Puderzucker sehr steif schlagen. Vorsichtig unter die Eigelbmischung heben. Backofen auf 180 Grad vorheizen.

5 ¾ der Beeren vorsichtig unter den Teig heben. Die Masse sofort in 4 ofenfeste Förmchen (18 cm Durchmesser) oder in eine große Gratinform geben. Restliche Beeren darauf verteilen.

6 Gratin im heißen Backofen auf der zweiten Schiene von unten 25–35 Minuten backen. Anschließend im ausgeschalteten Ofen bei leicht geöffneter Backofentür 10 Minuten ruhen lassen.

7 Gratin aus dem Ofen nehmen und mit Limettenschale bestreuen. Vor dem Servieren mit restlichem Puderzucker bestreuen.

VARIANTE

Für dieses Rezept lassen sich je nach Saison auch andere Früchte wie Ananas, Aprikosen, Orangen oder Kirschen verwenden. Auch mit Trockenfrüchten wie Pflaumen, Apfelstücken oder Rosinen schmeckt das Gratin toll. Das Obst jeweils in kleine Stücke schneiden und wie beschrieben verwenden.

Kaffeesoufflés

Für 4 Personen:	1 TL Kaffeepulver	Zubereitungszeit:	Nährwerte pro Person:
50 g Zartbitterschokolade	**(Instant)**	**25 Min.**	**217 kcal, 908 kJ,**
⅛ l Milch	**3 Eiweiß, 2 Eigelb**	Backzeit:	**7 g EW, 13 g F, 17 g KH**
20 g Butter	**Salz**	**20 Min.**	
20 g Mehl	**Fett und Zucker für die**		
2 cl Kaffeelikör	**Förmchen**		

1 Backofen auf 200 Grad vorheizen. Schokolade hacken. Milch in einem Topf erhitzen und die Schokolade darin unter Rühren schmelzen.

2 In einem zweiten Topf die Butter schmelzen, Mehl unterrühren, kurz anschwitzen und das Ganze mit der Schokomilch ablöschen. Likör und Kaffeepulver zugeben und unter Rühren aufkochen lassen.

3 Topf vom Herd nehmen, ein Eiweiß unterrühren und das Ganze abkühlen lassen. Nach und nach Eigelbe unterrühren. Restliches Eiweiß mit 1 Prise Salz steif schlagen, dann vorsichtig unter die Kaffeecreme heben.

4 kleine Souffléförmchen einfetten und mit etwas Zucker ausstreuen. Die Masse einfüllen und in eine mit Wasser gefüllte Auflaufform stellen. Soufflés im heißen Ofen ca. 20 Minuten backen. Sofort servieren.

BEILAGE

Zu den Soufflés schmeckt halb steif geschlagene Sahne oder eine Mascarponecreme. Dafür 250 g Mascarpone, 1 EL Zitronensaft, 50 ml Agavendicksaft und 1 Eigelb mit dem Handrührgerät cremig rühren. Wer die Creme flüssiger bevorzugt, kann noch etwas Milch untermengen.

Mandel-Schokoladen-Soufflés

Für 4 Personen:	40 g Mandelstifte,	Zubereitungszeit:	Nährwerte pro Person:
30 g Zartbitterschokolade	**geröstet**	**25 Min.**	**566 kcal, 2368 kJ,**
70 g Vollmilchschokolade	**40 g Zucker**	Backzeit:	**13 g EW, 25 g F, 64 g KH**
150 ml Milch	**1 Prise Salz**	**35 Min.**	
30 g Butter	**Butter und Zucker für**		
30 g Mehl	**die Förmchen**		
3 Eier, getrennt			

1 Backofen auf 170 Grad vorheizen. Die Schokolade hacken. Milch aufkochen und Schokolade darin unter Rühren schmelzen.

2 Zimmerwarme Butter mit dem Mehl verkneten und nach und nach in die kochende Schokomilch einrühren. 1 Minute weiterkochen lassen, dabei ständig rühren.

3 Schokoladenmasse in eine Schüssel umfüllen. Eigelbe mit dem Handrührgerät unterarbeiten und

die Masse abkühlen lassen. Mandelstifte zur Schokoladenmasse geben.

4 Eiweiß mit Zucker und Salz steif schlagen. Zuerst ⅓ der Masse vorsichtig unter den Schokoteig rühren, dann den restlichen Eischnee unterheben.

5 Souffléförmchen mit Butter ausfetten und mit Zucker ausstreuen. Soufflémasse darin verteilen und die Förmchen in eine mit Wasser gefüllte Auflaufform setzen. Im Ofen ca. 35 Minuten backen.

Lebkuchensoufflés

Für 6 Personen:
50 g Oblaten-Lebkuchen
mit Zuckerguss (z. B.
von Alnatura)
Butter und brauner Zu-
cker für die Förmchen
30 g Süßrahmbutter
30 g Weizenmehl
(Type 550)
⅛ l Milch
70 g brauner Zucker
1 Msp. Lebkuchengewürz
3 Eier
2 EL Puderzucker
1 Msp. Zimtpulver

Zubereitungszeit:
30 Min.
Backzeit:
20 Min.

Nährwerte pro Person:
210 kcal, 879 kJ,
6 g EW, 24 g F, 9 g KH

1 Die Lebkuchen von den Oblaten lösen und fein zerbröseln. 6 kleine Souffléförmchen (alternativ ofenfeste Tassen oder eine Auflaufform) sorgfältig buttern und mit braunem Zucker ausstreuen. Backofen auf 180 Grad vorheizen.

2 Butter in einem Topf schmelzen und das Mehl darin unter Rühren anschwitzen. Unter kräftigem Rühren nach und nach die Milch zufügen, bis eine glatte und dicke Masse entstanden ist. Die Hälfte des Zuckers und das Lebkuchengewürz untermengen.

3 Soufflémasse in eine Schüssel füllen und 1 Ei unterrühren. Restliche Eier trennen und Eigelbe nach und nach in die warme Masse einrühren. Lebkuchenkrümel untermengen.

4 Eiweiß schaumig rühren. Den restlichen Zucker einrieseln lassen und den Eischnee sehr steif schlagen. Mit einem Spatel den Schnee vorsichtig unter die Soufflémasse heben.

5 Die vorbereiteten Souffléförmchen (bzw. Tassen oder die Auflaufform) jeweils zu ¾ mit der Masse füllen und im heißen Ofen ca. 20 Minuten backen.

6 Puderzucker mit Zimt mischen. Die fertigen Soufflés aus dem Ofen nehmen, jeweils mit Zimtzucker bestäuben und sofort servieren.

BEILAGE

Dazu passt Marzipansoße: 50 g Marzipanrohmasse grob raspeln und in 250 g Sahne bei milder Hitze unter ständigem Rühren auflösen. 6 cl Weinbrand unterrühren, Topf vom Herd nehmen und die Soße lauwarm abkühlen lassen. 75 g Walnusskerne hacken und in einer Pfanne ohne Fett unter Rühren goldbraun rösten. Walnüsse unter die Marzipansoße mengen und zu den Soufflés reichen.

Cranberry-Clafoutis

Für 4 Personen:
1 Apfel
340 g frische Cranberrys
4 – 5 EL Zucker
Butter und Paniermehl
für die Form
3 Eier
3 EL Puderzucker
75 g Mehl
200 ml Milch (oder je
100 ml Milch und Sahne)
Puderzucker zum
Bestäuben

Zubereitungszeit:
20 Min.
Backzeit:
25 Min.

Nährwerte pro Person:
311 kcal, 1301 kJ,
7 g EW, 3 g F, 61 g KH

1 Den Backofen auf 180 Grad vorheizen. Den Apfel waschen, vierteln und entkernen. Das Fruchtfleisch in Scheiben schneiden. Cranberrys kalt abbrausen und abtropfen lassen.

2 Apfel mit Cranberrys, Zucker und 2 – 3 EL Wasser in einen Topf geben. Zugedeckt aufkochen, den Deckel abnehmen und 5 Minuten offen kochen. Die Flüssigkeit sollte fast verdunstet sein. Anschließend das Ganze vom Herd nehmen und abkühlen lassen.

3 Eine flache Quiche- oder Auflaufform (ca. 26 cm Durchmesser) buttern und mit Paniermehl aus-streuen. Eier und Puderzucker mit den Quirlen eines Handrührgerätes schaumig schlagen. Das Mehl dazusieben und unterheben.

4 Milch unter die Ei-Mehl-Mischung rühren, sodass ein dünner Teig entsteht. Das Ganze in die Form gießen. Apfel-Cranberry-Mischung auf dem Teig verteilen. Im Ofen auf der mittleren Schiene 20 – 25 Minuten goldbraun backen.

5 Clafoutis etwas abkühlen lassen. Dann in Stücke schneiden oder mit einem Löffel ausstechen. Mit Puderzucker bestreut servieren.

VARIANTE
Für dieses Rezept können Sie die Hälfte der Milch auch durch Sahne ersetzen.

Rhabarbercrumble

Für 6 Personen:
1 kg Rhabarber
180 g Butter
80 g Zucker
Saft von 1 Zitrone
100 ml Weißwein
1 TL Zimtpulver
1 Päckchen Bourbon-
Vanillezucker
100 g Butterkekse
100 g Mandeln,
gemahlen

Zubereitungszeit:
30 Min.
Backzeit:
25 Min.

Nährwerte pro Person:
504 kcal, 2108 kJ,
6 g EW, 38 g F, 31 g KH

1 Den Rhabarber nach Bedarf schälen, waschen, putzen und in ca. 3 cm große Stücke schneiden. In einen großen flachen Topf je 80 g Butter und Zucker geben und unter Rühren bei schwacher Hitze goldbraun werden lassen.

2 Die Rhabarberstücke zur Zuckermischung geben. Mit Zitronensaft und Weißwein ablöschen und ca. 10 Minuten köcheln lassen. Zimt und Vanille-zucker untermengen.

3 Anschließend die Rhabarberstücke mit einem Schaumlöffel aus dem Sud herausheben. Den ver-bliebenen Saft auf ⅓ einkochen lassen. Rhabarber mit dem eingekochten Saft in eine Tarteform (20 cm Durchmesser) füllen.

4 Backofen auf 200 Grad vorheizen. Die Butterkekse grob hacken und das Ganze dann mit der restlichen Butter und den Mandeln vermengen. Das Ganze mit den Fingern zu Streuseln zerbröseln und auf den Rhabarber streuen.

5 Crumble im vorgeheizten Backofen ca. 25 Minuten backen, bis die Streusel goldbraun sind. Vor dem Servieren etwas auskühlen lassen.

Birnen-Rhabarber-Crisp

Für 12 Stücke:
80 g Mehl
100 g gehackte Mandeln
**50 g kernige Vollkorn-
haferflocken**
130 g Zucker
**1 Btl. Orange Back (z.B.
von Schwartau)**
½ TL Zimt
**220 g Butter, eisgekühlt
und in kleine Stücke
geschnitten**
100 g gehobelte Mandeln
1 Prise Salz
Für die Füllung:
750 g Rhabarber
750 g frische Birnen
45 g Mehl
135 g Zucker
**1 TL Ingwer, frisch
gerieben**

Zubereitungszeit:
45 Min.
Backzeit:
35 Min.

Nährwerte pro Stück:
**411 kcal, 1720 kJ,
6 g EW, 25 g F, 41 g KH**

1 Mehl, gehackte Mandeln, Haferflocken, Zucker, Orange Back und Zimt in einer großen Rührschüssel vermischen. Kalte Butter in kleinen Stücken dazugeben.

2 Die Butter mit den Fingerspitzen ins Mehl einarbeiten, bis die Mischung krümelig wird. Die gehobelten Mandeln und Salz hinzufügen. Den Backofen auf 200 Grad vorheizen.

3 Für die Füllung Rhabarber waschen, putzen und in 2 cm lange Stücke schneiden. Birnen schälen, vierteln, von den Kernhäusern befreien und Fruchtfleisch grob hacken.

4 Obst in eine große Schüssel geben. Zuerst mit Mehl vermengen und darin wenden, dann mit Zucker unterheben. Geriebenen Ingwer dazugegeben und gut mischen.

5 Die Früchtefüllung in einer ca. 34 x 22 cm Glas- oder Keramikauflaufform verteilen. Den Streuselteig gleichmäßig über die Füllung geben.

6 Den Birnen-Rhabarber-Crisp in den heißen Ofen schieben. Ca. 35 Minuten backen, bis der Teig tief goldbraun ist.

7 Nach 15 Minuten nachsehen, ob es nicht zu dunkel wird. Wenn ja, mit Alufolie abdecken. Den Crisp auf einem Gitter in der Form 15 Minuten abkühlen lassen

BEILAGE
Servieren zu dem warmen oder abgekühlten Birnen-Rhabarber-Crisp Eiscreme oder Schlagsahne.

Pfirsichcrumble

Für 4 Personen:	10 g Zimt	Zubereitungszeit:	Nährwerte pro Person:
820 g Pfirsiche (Dose)	**60 g Mehl**	15 Min.	**402 kcal, 1682 kJ,**
60 g Butter	**30 g Haferflocken**	Backzeit:	**4 g EW, 13 g F, 66 g KH**
50 g brauner Zucker	**Fett für die Form**	35 Min.	

1 Den Backofen auf 170 Grad vorheizen. Die Pfirsiche in einem Küchensieb gut abtropfen lassen und dann jede Hälfte vierteln.

2 Eine Auflaufform ausfetten. Die Butter mit braunem Zucker, Zimt, Mehl und den Haferflocken mischen. Mit den Händen zu Streuseln verkneten.

3 Streusel unter die Pfirsiche mischen. Das Ganze in die Auflaufform geben und in den heißen Ofen schieben. Ca. 35 Minuten backen und heiß servieren.

VARIANTE

Dieses Rezept schmeckt auch mit Ananas oder Aprikosen, beides ebenfalls gut aus der Dose zu verwenden, sehr lecker. Außerdem kann das fertige Crumble nach dem Backen zusätzlich mit gerösteten Mandelblättchen und mit Minzeblättchen garniert werden.

Quark-Aprikosen-Auflauf

Für 4 Personen:
50 g Margarine
3 Eier
100 g Zucker
1 TL Vanillearoma
Saft und Schale von
1 Zitrone (unbehandelt)
75 g Speisestärke (z. B.
von Mondamin)
500 g Magerquark
460 g Aprikosen (Dose)
Fett für die Form
40 g gehackte Mandeln
1 – 2 EL Butter

Zubereitungszeit:
25 Min.
Backzeit:
50 Min.

Nährwerte pro Person:
**595 kcal, 2489 kJ,
25 g EW, 23 g F, 70 g KH**

1 Backofen auf 200 Grad vorheizen. Margarine in eine Schüssel geben. Eier trennen. Zucker, Eigelbe, Vanillearoma, Zitronensaft und -schale, Speisestärke und Quark daraufgeben.

2 Die Zutaten mit den Quirlen des Handrührgerätes gut verrühren. Eiweiß steif schlagen und unter den Teig ziehen. Aprikosen in einem Sieb abtropfen lassen. Eine Auflaufform ausfetten.

3 Die Hälfte der Masse in die Auflaufform füllen. Mit Aprikosen belegen und restliche Quarkmasse darüber verteilen. Mandeln darüberstreuen und mit Butterflöckchen belegen.

4 Quark-Aprikosen-Auflauf in den heißen Backofen schieben. In ca. 50 Minuten goldgelb backen. Vor dem Servieren etwas auskühlen lassen.

VARIANTE
Die Aprikosen lassen sich auch sehr gut durch Pfirsiche, ebenfalls aus der Dose, ersetzen.

Apfelauflauf mit Calvados-Vanille-Soße

Für 4 Personen:
1 kg Äpfel
Fett für die Form
100 g Rosinen
1 Päckchen Vanille-
soßenpulver
½ l Milch
50 g Mandeln,
gemahlen
5 EL Zucker
50 ml Calvados
Zimt zum Bestreuen

Zubereitungszeit:
20 Min.
Backzeit:
20 Min.

Nährwerte pro Person:
507 kcal, 2121 kJ,
8 g EW, 13 g F, 77 g KH

1. Backofen auf 200 Grad vorheizen. Äpfel waschen, vierteln und das Kerngehäuse entfernen. Äpfel in Spalten schneiden und in eine gefettete Auflaufform geben.

2. Apfelspalten mit Rosinen bestreuen und das Ganze im heißen Ofen ca. 10 Minuten garen. Inzwischen das Soßenpulver in 100 ml kalter Milch anrühren.

3. Restliche Milch in einem Topf aufkochen, das angerührte Soßenpulver in die heiße Milch gießen und das Ganze unter Rühren einmal kurz aufkochen lassen. Mandeln, Zucker und Calvados unterrühren.

4. Soße bei schwacher Hitze erwärmen, über die Äpfel gießen, das Ganze mit etwas Zimt bestreuen und weitere 10 Minuten backen.

VARIANTE

Der Auflauf schmeckt auch mit Birnen sehr gut. Wer keine Rosinen mag, kann auch klein gehackte Amarettini (Mandelkekse) unter die Äpfel mengen.

Vanillesoße lässt sich auch selbst zubereiten: 1 Vanilleschote längs aufschneiden und das Mark mit einem Messer herauskratzen. Vanillemark samt Schote mit ½ l Milch zum Kochen bringen und bei schwacher Hitze ca. 5 Minuten ziehen lassen. Vanilleschote entfernen. 2 Eigelb mit 1 Päckchen Vanillezucker verrühren und mit wenig heißer Vanillemilch glatt rühren. Dann die restliche Vanillemilch zugießen, 60 g Zucker zugeben und das Ganze bei mittlerer Hitze unter Rühren sämig werden lassen. Dabei die Creme nicht kochen lassen, da sonst das Eigelb gerinnt.

Apfel-Walnuss-Crumble

Für 8 Personen:
1 kg säuerliche Äpfel
(z. B. Boskop)
3 EL Zitronensaft
1–2 TL Zimtpulver
100 g Zucker
75 g Sultaninen
175 g Mehl

1 Prise Salz
150 g kalte Butter
50 g Walnusskerne

Zubereitungszeit:
25 Min.
Backzeit:
45 Min.

Nährwerte pro Person:
406 kcal, 1699 kJ,
4 g EW, 20 g F, 51 g KH

1 Backofen auf 200 Grad vorheizen. Äpfel schälen, vierteln, vom Kerngehäuse befreien und in Stücke schneiden. Mit Zitronensaft beträufeln. Zimt, 25 g Zucker und Sultaninen zu den Äpfeln geben und vermengen. In eine ofenfeste Form geben.

2 Mehl, 60 g Zucker und Salz in einer großen Schüssel vermischen. Die Butter bis auf 1 EL in kleine Würfel schneiden, zufügen und alles mit den Fingern zu einem Streuselteig verarbeiten. Dabei schnell arbeiten, damit die Butter möglichst kühl bleibt.

3 Walnüsse grob hacken und unter die Streuselmasse heben. Walnussstreusel über die Äpfel geben und mit dem restlichen Zucker bestreuen. Restliche Butter in Flöckchen daraufsetzen.

4 Apfel-Walnuss-Crumble im heißen Backofen auf der zweiten Schiene von unten ca. 45 Minuten backen, bis die Streusel goldbraun sind. Bei Bedarf nach der Hälfte der Zeit mit Backpapier abdecken, damit die Nüsse nicht zu dunkel werden. Etwas ausdampfen lassen und dann noch warm servieren.

Aprikosen-Kirsch-Crumble

Für 6 Personen:
1 kg Aprikosen
500 g Sauerkirschen
Butter für die Form
200 g Mehl (Type 1050)
100 g brauner Zucker
1 TL Zimtpulver
125 g Butter

Minzeblättchen zum
Garnieren

Zubereitungszeit:
20 Min.
Backzeit:
35 Min.

Nährwerte pro Person:
380 kcal, 1590 kJ,
6 g EW, 18 g F, 45 g KH

1 Aprikosen und Kirschen waschen und trocken reiben. Aprikosen halbieren und entsteinen. Kirschen entkernen. Jede Aprikose mit 1 Kirsche füllen.

2 Eine Auflaufform mit Butter ausstreichen. Backofen auf 200 Grad vorheizen. Die Aprikosen nebeneinander in die Auflaufform setzen. Restliche Kirschen in den Zwischenräumen verteilen.

3 Mehl, braunen Zucker und Zimt in einer Schüssel gründlich vermischen. Butter in einem Topf bei schwacher Hitze schmelzen. Kurz etwas abkühlen lassen und über die Mehlmischung gießen. Alles mit den Knethaken des Handrührgerätes vermengen.

4 Den Teig mit den Händen zu Streuseln zusammendrücken und diese gleichmäßig über die Früchte streuen. Crumble im heißen Ofen 35 Minuten backen. Anschließend das Aprikosen-Kirsch-Crumble aus dem Ofen nehmen, mit Minzeblättchen garnieren und warm servieren.

Beerencrumble mit Walnüssen

Für 4 Personen:
600 g gemischte Beeren
(z. B. Himbeeren,
Heidelbeeren,
Johannisbeeren und
Brombeeren)
2 Päckchen Vanillezucker
50 g kalifornische
Walnüsse
2 EL Mehl
2 EL Zucker
2 EL weiche Butter

Zubereitungszeit:
30 Min.

Nährwerte pro Person:
171 kcal, 716 kJ,
3 g EW, 10 g F, 16 g KH

1 Beeren verlesen, abspülen und putzen. Beeren mit Vanillezucker mischen und auf 4 ofenfeste Tassen oder Schalen verteilen.

2 Walnüsse fein hacken. Mehl mit Walnüssen, Zucker und Butter zu Streuseln vermengen. Die Streusel über die Beeren bröseln. Im vorgeheizten Backofen bei 200 Grad ca. 12 – 15 Minuten backen. Noch warm servieren.

BEILAGE
Dazu können Sie nach Belieben Vanilleeis oder Schlagsahne reichen.

Kirschauflauf mit Vanillesoße

Für 4 Personen:
370 g Sauerkirschen
(Glas)
2 Eier
120 g Butter oder
Margarine
150 g Zucker
abgeriebene Schale von
½ Zitrone (unbehandelt)
1 Prise Salz
375 g Magerquark
3 EL Vollmilch
60 g Mehl (Type 405)
10 EL blütenzarte Hafer-
flocken (z. B. von Kölln)
2 EL gehackte Mandeln
4 EL Rosinen
Fett für die Form
Für die Vanillesoße:
500 ml Vollmilch
5 EL Instanthaferflocken
1 Päckchen Vanillezucker
1 EL Zucker
Mark von 1 Vanilleschote

Zubereitungszeit:
40 Min.
Backzeit:
45 Min.

Nährwerte pro Person:
866 kcal, 3623 kJ,
27 g EW, 38 g F, 105 g KH

1 Backofen auf 220 Grad vorheizen. Sauerkirschen in einem Küchensieb gut abtropfen lassen. Eier trennen. Eigelbe mit 80 g Butter oder Margarine und 140 g Zucker mit den Quirlen des Handrührgerätes schaumig rühren.

2 Zitronenschale, Salz, Magerquark, Milch und Mehl zugeben und unterrühren. Dann 5 EL Haferflocken, Mandeln und Rosinen untermengen. Eiweiße steif schlagen und vorsichtig unter den Teig heben.

3 Eine runde Auflaufform ausfetten. Die Hälfte des Teiges einfüllen und die abgetropften Sauerkirschen darauf verteilen. Übrigen Teig darübergeben. Rest-

liche Haferflocken, übrige Butter oder Margarine in Flöckchen sowie den restlichen Zucker darüber verteilen.

4 Den Kirschauflauf in den heißen Backofen schieben. In ca. 45 Minuten goldbraun backen. Sollte er zu dunkel werden, mit Alufolie abdecken. Vor dem Servieren kurz ausdampfen lassen.

5 Für die Vanillesoße Milch mit Instanthaferflocken vermengen. Mit Vanillezucker, Zucker und Vanillemark verquirlen. Das Ganze in einen Topf geben und unter Rühren einmal aufkochen lassen. Warm oder kalt zum Auflauf reichen.

Apfel-Birnen-Crumble

Für 6 Personen:	150 g kernige Hafer-	Zubereitungszeit:	Nährwerte pro Person:
500 g Äpfel	**flocken**	**20 Min.**	**430 kcal, 1799 kJ,**
200 g Birnen	**125 g brauner Zucker**	Backzeit:	**5 g EW, 16 g F, 66 g KH**
Fett für die Förmchen	**60 g Mehl**	**25 Min.**	
3 EL Zucker	**1 TL Zimtpulver**		
Saft von ½ Zitrone	**100 g Butter**		

1 Äpfel und Birnen schälen und halbieren, das Obst vom Kerngehäuse befreien und das Fruchtfleisch in kleine Würfel schneiden.

2 Die Apfel- und Birnenstücke in gefettete Portions- förmchen verteilen, mit Zucker bestreuen und mit Zitronensaft beträufeln. Backofen auf 180 Grad vorheizen.

3 Haferflocken mit braunem Zucker, Mehl und Zimt- pulver gründlich vermischen.

4 Butter bei schwacher Hitze zerlassen, kurz abkühlen lassen und zur Haferflockenmischung geben. Das Ganze mit den Fingern zu Krümeln verkneten.

5 Krümel über dem Obst verteilen und auf der mitt- leren Schiene im heißen Backofen 20–25 Minuten goldbraun überbacken. Noch warm servieren.

TIPP
Für das Crumble können auch andere Früchte verwendet werden – für eine sommerliche Variante eignen sich z. B. Rhabarber und/oder Aprikosen.

Schokoladen-Nuss-Auflauf

Für 4 Personen:
300 g Bandnudeln (z. B.
von Birkel)
4 Eier
100 g Puderzucker
100 g Bitterschokolade
(80 % Kakao)
100 g Butter
1 TL Zimt
1 Prise Piment
½ TL abgeriebene
Orangenschale (unbe-
handelt)
½ TL Orangenlikör
100 g geröstete Nüsse,
fein gemahlen
Butter zum Fetten
1 EL Paniermehl
½ TL Puderzucker zum
Bestreuen

Zubereitungszeit:
30 Min.
Backzeit:
25 Min.

Nährwerte pro Person:
939 kcal, 3929 kJ,
27 g EW, 51 g F, 95 g KH

1 Die Nudeln nach Packungsanweisung gar kochen. Anschließend abgießen und abtropfen lassen. Backofen auf 200 Grad vorheizen.

2 Eier trennen. Eiweiß mit 50 g Puderzucker zu einer festen Schneemasse schlagen und beiseitestellen. Schokolade fein reiben.

3 Übrigen Puderzucker und mit der Butter cremig aufschlagen. Eigelbe, Zimt, Piment, Orangenschale sowie Likör dazugeben und alles schaumig schlagen.

4 Geschlagenes Eiweiß und Nudeln vorsichtig unter die Eigelbmasse heben. Zum Schluss mit Schokolade und Nüssen vermengen.

5 Eine Auflaufform mit Butter einfetten und mit Paniermehl ausstreuen. Schokoladen-Nudel-Masse in die Auflaufform füllen und in den heißen Backofen stellen. Ca. 30 Minuten backen.

6 Schokoladen-Nuss-Auflauf aus dem Ofen nehmen. Kurz abkühlen lassen, mit Puderzucker bestäuben und warm servieren.

TIPP
Verwenden Sie gemischte Nüsse. Für diesen Auflauf bietet sich eine Mischung aus Mandeln, Hasel- und Walnüssen an.

Mohr im Hemd

Für 6 Personen:
40 g geschälte Mandeln
70 g Zartbitterschokolade
70 g weiche Butter
70 g Zucker
6 Eier
1 EL Rum
Butter und Zucker für
die Förmchen
1 Prise Salz
200 g Sahne

Zubereitungszeit:
45 Min.
Garzeit:
25 Min.

Nährwerte pro Person:
425 kcal, 1770 kJ,
11 g EW, 34 g F, 19 g KH

1 Die Mandeln in der Pfanne ohne Fett goldgelb rösten. Auf einem Teller abkühlen lassen, dann fein mahlen. Die Schokolade zerbröckeln, in einer Schüssel aus Metall in einem warmen Wasserbad schmelzen. Auf Zimmertemperatur abkühlen lassen und gelegentlich durchrühren.

2 Butter und 40 g Zucker so lange aufschlagen, bis sich der Zucker fast aufgelöst hat. Die Eier trennen. Die Eigelbe nach und nach unter die Buttercreme schlagen. Den Rum und die Schokolade unterrühren.

3 Den Backofen auf 200 Grad Unterhitze vorheizen. 6 Soufflé- oder Flanförmchen für je 150 ml Inhalt mit Butter einfetten und dann mit etwas Zucker ausstreuen.

4 Eiweiß, Salz und 30 g Zucker steif schlagen. Den Eischnee auf die Schokoladencreme geben, die Mandeln darüberstreuen und alles vorsichtig mit einem großen Schneebesen unter die Creme ziehen.

5 Die Förmchen zu ¾ hoch mit der Masse füllen und auf ein hohes Backblech setzen. So viel kochend heißes Wasser angießen, dass die Förmchen zu ⅔ im Wasserbad stehen.

6 Die Schokoladensoufflés im heißen Backofen 20–25 Minuten garen. Dann die Förmchen aus dem Wasserbad nehmen und kurz stehen lassen. Anschließend die Soufflés an den Rändern vorsichtig mit einem Messer lösen. Auf Dessertteller stürzen. Die Sahne halb steif schlagen, die warmen Soufflés nach Geschmack je zur Hälfte damit bedecken oder getrennt dazu reichen. Sofort servieren.

TIPP
Anstelle von Soufflé- oder Flanförmchen können Sie auch ofenfeste Tassen mit je 150 ml Inhalt zum Backen der Soufflés verwenden.

Litschiauflauf mit Sekteis

Für 4 Personen:
125 g Sahne
175 ml Sekt
5 EL Zucker
½ TL Zitronensaft
2 Eier
1 Eigelb
2 EL Speisestärke

3 EL Mehl
½ TL Backpulver
565 g Litschis (Dose)
Puderzucker zum Bestäuben
einige Minzeblättchen und Cocktailkirschen zum Garnieren

Zubereitungszeit:
30 Min.
Gefrierzeit:
6 Std.

Nährwerte pro Person:
361 kcal, 1507 kJ,
7 g EW, 9 g F, 54 g KH

1 Sahne, 125 ml Sekt, 2 EL Zucker und Zitronensaft in einem Topf aufkochen lassen, vom Herd nehmen.

2 Ei trennen. Eigelb und restliches Ei unter die Sektmasse rühren. Topf in eine Schüssel mit eiskaltem Wasser und Eiswürfeln stellen und unter Rühren erkalten lassen.

3 Die Eismasse durch ein Sieb streichen und in ca. 6 Stunden gefrieren lassen, dabei ca. alle 30 Minuten umrühren.

4 Übriges Eiweiß mit restlichem Sekt und Zucker steif schlagen. Eigelb, Speisestärke, Mehl und Backpulver nacheinander unterziehen.

5 Litschis in ein Sieb abgießen, abtropfen lassen und in 4 feuerfeste Schalen verteilen. Vorbereiteten Teig darüber geben. Im vorgeheizten Ofen bei 150 Grad ca. 5 Minuten überbacken.

6 Mit etwas Puderzucker bestäuben, mit Minze und Cocktailkirschen garnieren. Sekteis auf die Teller verteilen und sofort servieren.

Trauben-Champagner-Gratin

Für 4 Personen:
400 g dunkle und helle Trauben
Fett für die Förmchen
200 ml Champagner (ersatzweise Sekt)
4 Eigelb
140 g Zucker

300 g Sahne
Puderzucker zum Bestäuben

Zubereitungszeit:
25 Min.
Backzeit:
15 Min.

Nährwerte pro Person:
558 kcal, 2335 kJ,
6 g EW, 29 g F, 60 g KH

1 Trauben waschen, halbieren, bei Bedarf entkernen und in 4 gefettete ofenfeste Förmchen geben.

2 Backofen auf 220 Grad vorheizen. Champagner, Eigelb und Zucker über dem heißen Wasserbad dickschaumig aufschlagen. Dann aus dem Wasserbad nehmen und kalt rühren. Sahne steif schlagen,

unterziehen und die Creme gleichmäßig über den Trauben verteilen.

3 Gratin im heißen Ofen auf der mittleren Schiene 10–15 Minuten überbacken. Anschließend herausnehmen, kurz abkühlen lassen und mit Puderzucker bestäubt sofort servieren.

Register

Bildnachweis

Titelbild: StockFood
Inhalt: Alnatura: 4, 9, 24, 31, 89, 113; Alpro soya: 22, 37, 40, 43, 64; Arras/Südwest Verlag: 111, 125; Birkel: 124; Biskin: 20; Brunch: 26, 108; Butaris: 45; California Walnut Commission: 53, 121; Cranberry Marketing Committee: 7 u., 34, 44, 85, 106, 110, 114; Du darfst: 81; Eichner/Falken Verlag: 115; Fisch-Informations-zentrum e. V.: 66; fotolia.com: Han van Vonno 5 l., Liv Friis-Iarsen 5 r., foto.fred 6 o. l., Otmar Smit 6 o. r., A.Zieba 6 r. u., Elke Dennis 7 o., Carmen Steiner 8 o.; Holz/Südwest Verlag: 25; Kikkoman Trading Europe GmbH: 48; Köllnflocken: 14, 122; Kraphol/Falken Verlag: 98; Meggle: 8 u.; Mildessa: 68; Mondamin: 86, 104, 118; Newedel/Bassermann Verlag: 21, 42, 72; Newedel/Mosaik Verlag: 77; Oryza: 54, 58; Peters/Südwest Verlag: 27, 103; Plewinski/Südwest Verlag: 61; Rama: 12, 16, 50, 84, 90, 92, 96, 101; reis-fit: 57; Schwartauer Werke: 116; Seiffe/Südwest Verlag: 15, 56; Smend/Südwest Verlag: 17, 99; StockFood: 6 u. l., 11, 13, 19, 23, 29, 30, 33, 35, 39, 41, 47, 49, 51, 55, 59, 63, 65, 67, 69, 71, 73, 74, 75, 78, 79, 83, 87, 91, 93, 95, 97, 107, 109, 117, 119, 123; The Food Professionals Köhnen GmbH: 105; Weihenstephan: 32